Truth
后真相时代

Hector Macdonald
[英] 赫克托·麦克唐纳

著

How the Many Sides to Every Story Shape Our Reality

当真相被操纵、利用，我们该如何看、如何听、如何思考

刘清山 译

民主与建设出版社
·北京·

致中国读者

这本书期待着反对声音。

在这个假新闻和另类事实大行其道的时代,公众重视对真相的关注,并且强烈要求政客、商业领袖、社会活动家和其他职业沟通者(communicator)为个人言论的真实性负责。我相信,我们重视真相,愿意为之抗争。

不过,真相并不像看上去那么简单。讲述真相的方式有很多,其中许多方式并不诚实。在大多数问题上,可供我们选择讲述的真相有很多。我们选择的真相会影响周围人对一个问题的感受和反应。我们可以选择鼓励人们行动的真相,也可以选择故意误导人们的真相。真相具有许多形式,有经验的沟通者可以利用这种多面性影响我们对于现实的印象。

这本书谈论的是真相而不是谎言,尽管其中的许多内容涉及如何像使用谎言一样使用真相。导致沟通者说谎的本能、压力和动机也会驱使他们以极具误导性的方式使用真相。通过展示他们的做法,我希望鼓励更多人发现和指出具有误导性的真相。

我们可以通过更具建设性的方式使用不同形式的真相,起到团结、鼓励和转变的作用。合适的真相可以团结一家公司,鼓舞一支军队,加速新技术的发展,为政党召集支持者,激发整个组织的活力、创造性和热情。领导者需要理解他们的沟通选项,知道如何选择和呈现最具吸引力的真相。

  本书是为所有愿意真诚沟通但也知道真相需要选择的人写的。它是为所有厌倦了被政客、营销人员和公关人员用符合真相定义的花言巧语牵着鼻子走的人写的。哪些真相能够最有效地说明你的观点?哪些真相可以鼓励你的组织?哪些真相最符合道德?哪些真相可以被用来说服我们采取违背个人利益的行动?我们如何挑战具有误导性的真相?《后真相时代》应该可以帮助你回答这些问题。

  关于真相的书很容易被人扣上不准确或虚假的帽子。在下面的许多故事和话题中,我会尽量确保事实的正确性,但我无法避免错误。我欢迎目光敏锐的读者和比我更加了解这些话题的人的指正。你们现在的反馈可以使我避免在本书的更新升级版中丢人现眼。我也愿意倾听你们在新闻里、组织里或者生活中接触到的有趣、狡猾、骇人和反转性的真相。请把你们的指正和建议通过 http://hectormacdonald.com/truth 发送给我。

  最后,我由衷感谢我的中国读者。《后真相时代》在中国收获了如此广泛的认同和赞赏,甚至被选入 2023 年高考语文新课标全国 I 卷,十分出乎我的意料,也让我深感荣幸。希望我的中国读者能够使用书中的方法看清真相的多样性,在纷繁复杂的信息洪流中保持属于自己的独立和清醒。

2024 年于北京大学

致中国读者 001

前　言　当真相崩塌时 001
　　安第斯困境 001
　　一个事实还是多个事实 006
　　竞争性真相会影响现实 011
　　国王的演讲 011
　　牙膏和乳腺癌 013
　　具有善恶两面性的强大工具 015
　　对于哲学家的简短寄语 017
　　4种竞争性真相 019
　　选择你的真相并改变世界 021
　　如何应用于现实 023

第一部分　片面真相：沟通者选择的真相

第一章　复杂性　027

现实是复杂的　027

汽车测试　030

复杂公司　036

探索复杂性　039

一切事物都很复杂　045

如何应用于现实　047

第二章　历史　049

芬达的发明　049

忽略罪恶　051

积怨已久　055

要想打造未来，请回顾过去　058

竞争性真相的大碗　060

宣扬屈辱　062

我们就是我们的历史　067

如何应用于现实　069

第三章　背景　071

事情有多糟糕　071

物非物 072

超越马蒂斯 074

从莫奈到荤菜 079

全是男士 085

大局观 089

如何应用于现实 090

第四章　数字　091

不祥的统计量 091

苹果、橘子和芝加哥谋杀 094

这个数字很大吗 096

脱欧事件中的数字 101

其他例子 102

谎言和该死的谎言 107

巨大的误导 110

拼凑数字 114

如何应用于现实 116

第五章　故事　117

世界上最复杂的故事 117

故事的三个必要组成部分 118

理解我们的世界 121

卡特里娜的故事 123

花园的目的　127

　　小故事，大作用　131

　　快乐的结局　137

　　如何应用于现实　138

第二部分　主观真相：可以改变的真相

第六章　道德　141

　　在雅典时代……　141

　　罪恶的植物提取物　144

　　正义还是邪恶　148

　　我的群体是对是错　150

　　培育道德　157

　　从古希腊到古希腊　160

　　如何应用于现实　162

第七章　吸引力　163

　　品味的彩虹　163

　　失败成了一个选项　165

　　农场生活　167

　　根据愿望行动　169

　　谁想要曲奇饼　170

人生的意义　174
喜爱和厌恶之外的引导　178
只要改变人们的欲望，你就能改变世界　181
如何应用于现实　182

第八章　财务价值　183

真菌财富　183
价格不等于价值　185
我们如何估值　187
它对我有什么好处　188
它对其他人有什么好处　188
它的稀缺性如何　189
购买它有什么风险　190
未来将会如何　191
学会喜欢石头　192
错误估值　196
自我估值　199
各种事物的价值　203
如何应用于现实　204

第三部分　人造真相：人们一手打造的真相

第九章　定义　207

　　以 f 开头的词语　207
　　种族灭绝何时不是种族灭绝　209
　　它纯粹、天然，得到了临床证明　212
　　关注儿童　216
　　"我和那个女人没有发生性关系"　218
　　如此定义　220
　　"我不是女权主义者，但我信奉平等……"　222
　　重新定义一切　225
　　如何应用于现实　227

第十章　社会建构　229

　　人类的创造　229
　　我们正在脱离欧盟……不管欧盟是什么　232
　　企业的想象　234
　　对抗压迫的虚拟盾牌　237
　　点石成金　240
　　展望人造未来　242
　　如何应用于现实　244

第十一章　名字　245

人造地球　245

命名与羞耻　247

特别、美丽和独特　253

拔牙　256

肆虐的野兔　261

正确命名　265

如何应用于现实　266

第四部分　未知真相：影响未来的真相

第十二章　预测　269

是先发制人，还是预防　269

未来将会如何　273

前瞻式领导　274

劝导性预测　277

我们会被水淹死吗　280

转变性预测　284

乌托邦还是反乌托邦　286

未来的考验　291

如何应用于现实　293

第十三章　信仰　295

我们之中的神　295

真正的信仰　298

共享真相　302

公司信条　306

信仰的解释者　309

只有上帝知道　315

如何应用于现实　317

后记　319

致谢　327

出版后记　329

前言　当真相崩塌时

> 没有比被倾听者误解的真相更糟糕的谎言了。
>
> ——威廉·詹姆斯,《圣徒性的价值》

安第斯困境

对素食者和肠胃疾病患者来说,藜麦的发现是一个奇迹。藜麦不含麸质,富含镁和铁,比其他种子含有更多的蛋白质,包括人体无法独自生成的所有必需的氨基酸。美国宇航局宣布,藜麦是地球上营养最均衡的食物之一,是宇航员的理想之选。约塔姆·奥托朗吉(Yotam Ottolenghi)在2007年热情地写道:"藜麦味道很棒,拥有令人满意的'弹性'质地,是目前最健康的食物之一。"产于安第斯山的藜麦有一个令西方消费者神往的故事:印加人非常重视藜麦,认为它是神圣的,并且称之为"万谷之母";他们的皇帝会用金制工具播下每个季度的第一批种子。这种所谓的"超级食物"甚至得到了联合国的认可,后者将2013年定为"国际藜麦年"。

不过,藜麦的爱好者发现了一个令人不安的事实。从2006年到2013年,玻利维亚和秘鲁的藜麦价格上涨了两倍。起初,他们认为这种价格上涨可以提高安第斯山贫困农民的生活水平。接着,有谣言说,由于北美和欧洲永远无法满足的需求,当地人已经吃不起这种传统食物了。2011年,《独立报》警告称,玻利维亚的藜麦消费量"5年间下降了34%,当地家庭已经吃不起这种主食了,它已经变成了奢侈品"。《纽约时报》援引研究报告称,藜麦种植区域的儿童营养不良率正在上升。2013年,《卫报》用煽动性标题提升了人们对这个问题的关注度:"素食者的肚子能装下关于藜麦令人反胃的事实吗?"该报称,贫穷的玻利维亚人和秘鲁人正在食用更加便宜的"进口垃圾食品"。《独立报》2013年一篇报道的标题是"藜麦:对你有利——对玻利维亚人有害"。

这个故事传遍了全球,在健康饮食者之中引发了一场良心危机。加拿大《环球邮报》一则新闻的标题为"你对藜麦的爱越深,你对玻利维亚人和秘鲁人的伤害就越深"。在社交媒体、素食博客和健康饮食论坛上,人们开始询问食用这种来自安第斯山区的神奇种子是否合适。一位女士宣布:"我准备停止食用藜麦。"

> 这是一个原则问题……祖祖辈辈将藜麦作为主食的人们已经吃不起这种食物了,因为像我这样的人创造了巨量的出口需求,推高了价格……即使没有藜麦,我们也能活下去。我将拒绝食用藜麦。

这种认为被全球需求推高的藜麦价格影响了玻利维亚和秘鲁当地人的说法看似可信,被许多人认可。不过,经济学家马克·贝勒马尔(Marc Bellemare)、塞思·吉特(Seth Gitter)和约翰纳·法贾多-冈萨雷斯(Johanna Fajardo-Gonzalez)对此则持保留意见。毕竟，藜麦贸易使大量外国资金涌入玻利维亚和秘鲁，其中许多资金进入了南美最贫穷的地区。能够在海拔 4 200 米生长良好的作物并不多，因此藜麦热潮对当地来说当然是一件好事，不是吗？

三位经济学家跟踪了秘鲁家庭支出调查数据，将种植且食用藜麦的家庭、食用但不种植藜麦的家庭和从不接触藜麦的家庭划分为三个小组。他们发现，从 2004 年到 2013 年，三个小组的生活水平都上升了，尽管藜麦种植户家庭支出的增长速度是最快的。农民们正在变富，他们将这种新收入转化为支出又给周边民众带来了好处。那些食用但不种植藜麦的家庭，其平均生活水平是农民的两倍，这意味着他们的消费能力要高一些。这并不令人吃惊：秘鲁家庭只有大约 0.5% 的支出花在了藜麦上。藜麦从未成为当地人家庭预算的重要组成部分。"这一事实令人非常高兴，"塞思·吉特说，"最贫穷的人获得了利益。"

那么，藜麦消费量下降 34% 又是怎么回事呢？原来，在很长时间里，两个国家的藜麦消费量一直在缓慢而稳定地下降，这意味着消费量的下降和价格的激增不存在明显的联系。更加接近事实的解释是，秘鲁人和玻利维亚人只是想换换口味，吃点别的东西。"粮食优先"智库的塔尼娅·科森（Tanya Kerssen）在谈到安第斯山藜麦种植者时表示："坦率地说，他们厌倦了藜麦，因此开始购买其他食物。"一位玻利维亚农学家指出："1 年前，他们只能吃到安第斯山出产的食物。他们别无选择。现在，他们有了选择。他们想要大米、面条、糖果、可乐。他们什么都想要！"

为了解藜麦的种植情况，我去了秘鲁科尔卡山谷。这里在印加时代以前就得到了开垦。藜麦是一种美丽的谷类作物，拥有深红色或金黄色的巨大种球。在安第斯山的这片区域，人们在梯田上同时种植藜麦以及当地特有的玉米和马铃薯品种。"国外需求绝对是一件好事，"我的秘鲁向导杰西卡（Jessica）说道，"农民非常高兴，所有想吃藜麦的人仍然买得起这种食物。"她还解释了另一个好处。之前，秘鲁城里人往往认为他们这片区域吃藜麦的人"很土"。现在，由于美国人和欧洲人的重视，藜麦被视作一种时尚。"利马人终于开始尊重我们这些高原人和我们的传统了。"

玻利维亚西南部有一片遥远而不适合居住的区域，那里到处都是盐湖和休眠火山。在那里，我看到了由藜麦资金支持的当地急需的开发和旅游项目。千百年来勉强能够养家糊口的自耕农开始为更加美好的未来而投资。根据玻利维亚外贸学院院长何塞·路易斯·兰迪瓦尔·波勒斯（José Luis Landívar Bowles）的说法，藜麦可以"帮助许多人摆脱极端贫困"。

我在 2017 年 4 月听到的玻利维亚人对于该作物的唯一抱怨是，日益增长的供给正在拉低价格。玻利维亚的藜麦种植面积增长了两倍多，从 2007 年的 5 万公顷增长到 2016 年的 18 万公顷。马克·贝勒马尔后来对我说："对我来说，这是一个令人悲伤的结局，因为它的价格不太可能再次回升。市场的运转与经济入门教材上的说法基本相同，新的供给方通过竞争消除了暂时高于正常水平的利润。"

在风景如画的科尔卡山谷，当太阳落山时，我问杰西卡，欧洲和北美的消费者是否应该为吃掉秘鲁人和玻利维亚人的食物而感到内疚。我可以猜到答案，但我想听到当地人的亲口否认。杰西卡放声大笑，伸出一只胳膊，似乎想抱住整个富饶的山谷。"相信我，"她笑道，"我们有许多藜麦。"

❖

乍一看，这个关于食物热潮、全球贸易和消费者忧虑的奇怪故事讲述了谎言被揭穿的过程。不过，故事前半部分的大部分陈述与后半部分的陈述同样真实。藜麦的价格的确提高了两倍。作为秘鲁和玻利维亚的主食之一，它对当地人来说的确更贵了。这些国家的藜麦消费量的确下降了。唯一不正确的就是结论，即西方的健康饮食者通过剥夺秘鲁和玻利维亚穷人的传统食物伤害了他们。不过，这些受到错误解读的真相可能会对阿尔蒂普拉诺高原的人们造成真正的伤害。制片人迈克尔·威尔科克斯（Michael Wilcox）专门为这个问题制作了一部纪录片，他说："我见过一些反对食用藜麦的文字评论，比如，'谢谢你揭示了真相。我不会消费玻利维亚藜麦了，因为这会伤害玻利维亚农民'，实际上，停止消费才会真正伤害这些农民。"

在这个缺少合适背景的故事中，一组片面事实和受到误解的数字被编织在一起，改变了人们对某种食物的喜好和食用它的道德意义。我们将会看到，各行各业有经验的沟通者会通过片面的事实、数字、故事、背景、吸引力和道德呈现某种世界观，从而影响现实。在这个例子中，新闻工作者和博主出于最高尚的理由引导消费者远离藜麦:他们由衷地为一个贫困群体感到担忧,害怕狂暴的全球贸易风潮的突然到来会危及这一群体的利益。在接下来的许多例子中,政客、营销人员、社会活动家甚至公务员影响现实的动机就远远没有如此友善了。

一个事实还是多个事实

比较下列陈述:

互联网拓宽了全球知识的传播范围。

互联网加速了错误信息和仇恨的传播。

两句话都是正确的。不过,对于从未听说过互联网的人来说,这两句话给他的印象是完全不同的。

每个故事都有多面性。如果对一句谚语稍做调整,我们可以说,任何一组事实通常可以得出不止一个真相。我们很早就知道这一点:每个新手辩论者和犯错误的小学生都知道如何挑选最有利于自己的真相。不过,我们可能不知道这些真相为沟通者提供了多大的灵活性。许多时候,你可以通过许多方式描述一个人、一起事件、一件事物或者一项政策,这些描述可能具有同等的真实性。

我将它们称为"竞争性真相"(competing truth)。

⁂

几年前，一家陷入严重困境的全球企业邀请我为一项转型计划提供支持。这是一项不同寻常的任务。作为战略沟通咨询师，我曾帮助几十家全球顶级公司弄清他们要做的事情并将其解释给员工。我采访了公司高管，以收集他们对该组织及其所在行业现状的看法。在总结了他们提供的所有事实后，我在曼哈顿一间豪华经理套房里会见了公司总裁，问他想让我撰写公司的"黄金机遇"故事还是"燃烧平台"故事。

"黄金机遇"故事将描述激动人心的新技术发展，它们可以帮助企业满足关键细分市场日益增长的需求，打造繁荣的、利润丰厚的未来。不过，只有当每个人都愿意支持即将实施的转型计划时，公司才能抓住这个黄金机遇。相比之下，"燃烧平台"故事将会反映该组织最近的失败及其导致的深层次文化问题，这个问题引发的冷漠和结果恶化的恶性循环可能会在5年内毁掉企业。只有当每个人都愿意支持即将实施的转型计划时，公司才能避免这样的命运。

两个故事都是真实的。公司的确面临着一个很好的新机遇，如果不抓住这个机遇，公司就会面临倒闭的危险。这两种表述真相的方式是为了产生相同的结果：让员工支持艰难而痛苦的转型。不过，这两个故事会使员工对于现实产生完全不同的印象。根据总裁选择讲述故事的不同，在领导的劝说下，包括高学历人士在内的聪明员工会对未来感到焦虑或激动。这种心态会影响他们的几乎所有行为、思想和感受。

　　这种令人不安的沟通灵活性使我开始思考如何讲述关于某种局面的不止一个真相以及这种现象可能适用于其他哪些地方。我开始在新闻、政客演讲、广告、辩论书籍、脸谱网（Facebook）新闻和社会活动文献中发现竞争性真相。一些竞争性真相被用于善意地实现共同目标。另一些竞争性真相显然是为了误导和欺骗大众。起初，我只是把竞争性真相的例子记录在博客里。渐渐地，我开始看到反复出现的模式。于是，我对竞争性真相的产生进行了更具批判性的全面的分析。更重要的是，到最后，我理解了其他人选择的竞争性真相对于我们的深刻影响。

∴

　　时间倒退几年，想象你从未听说过藜麦。你在当地商店的货架上发现了它，并且询问附近的销售员。销售员讲述了关于这包种子的一个事实。它可以是：

　　　藜麦营养丰富，富含蛋白质、纤维和矿物质，脂肪含量较低。

　　或者：

　　　购买藜麦可以提高南美贫困农民的收入。

或者：

购买藜麦将会推高这种传统食物在玻利维亚和秘鲁的价格。

或者：

藜麦的种植对安第斯山的环境产生了严重影响。

同后两个事实相比，前两个事实更容易促使你购买藜麦。通过选择某个竞争性真相，销售员影响了你的行为。他在一定程度上塑造了你的当前现实。

实际上，他所做的还不止这些，他还影响了你对藜麦的看法。他将一组关于藜麦的思想和信念埋藏在了你的内心深处。这种思维模式可能会在很长一段时间里持续影响你的购买行为、语言和饮食。

思维模式是指我们关于自己和周围世界的一组信念、思想和意见。我们的思维模式决定了我们对于事物的看法以及我们选择的行为。

思维模式具有一定的灵活性。我们最初听到的关于藜麦的消息会先入为主地影响我们关于藜麦的思维模式。当我们对于某个主题一无所知时，我们很容易受到影响。不过，当我们已确定关于藜麦的某种观点，并且我们的思维模式已固定下来时，它就很难改变了。假设有人告诉我们，种植藜麦会破坏安第斯山的环境。三个月后，当某人提到藜麦的营养价值时，我们很可能会忽略、怀疑或遗忘这种信息。这是证实性偏差的一种形式。我们往往更容易接受与我们现有思维模式相符的真相，抗拒那些与我们内心观点相冲突的真相。

在你接触藜麦几个月后，当你和同事共进午餐时，你看到她选择了一份藜麦沙拉。如果你最初听到的说法是藜麦对环境有害，你可能倾向于对她的午餐选择做出苛刻的评价，你甚至可能劝说她换一种食物。最初的真相使你形成的思维模式在很久以后仍然会影响你的思想和行为。

我们都在通过不同视角看待世界，这些视角在很大程度上是由我们听到和读到的不同真相塑造而成的。其他人经常会有意或无意地引导我们看到真相的某些方面或某些解释。20世纪伟大的政治新闻记者、竞争性真相的使用专家沃尔特·李普曼（Walter Lippmann）写道："我们的看法涉及的空间、时间和事物超出了我们的直接观察范围。因此，我们不得不根据其他人的说法和我们的想象将它们拼接在一起。"其他人的说法成了我们感知到的现实的一部分。由于我们根据感知行动，因此其他人的说法也会影响客观现实。

竞争性真相会影响现实

竞争性真相会影响我们的思维模式，我们的思维模式又决定了我们随后的选择和行动。我们根据我们所相信的真相而投票、购物、工作、合作和斗争。一些真相终生伴随着我们，决定了我们最重要的选择，定义了我们的性格。不管我们面对的是警察射击、公司使命声明、难民群体、总统候选人、神圣文本、科学发现、争议性雕塑还是自然灾害，我们的思维模式都会决定我们的反应——包括剧烈反应、转型反应和暴力反应。

因此，我们可以毫不夸张地说，我们的许多思想和行为是由我们听到和读到的竞争性真相决定的。如果我们关心那些影响我们购买产品、支持政客、谴责公众人物或者为某项事业而斗争的因素，我们就需要理解竞争性真相的运作方式以及我们可以采取的行动。本书将会解答这两个问题。

国王的演讲

乔治六世（George VI）在第二次世界大战初期通过无线电向整个英帝国发表的讲话很简洁，这不仅是因为他的口吃。国王的话语需要让所有背景、文化和学术水平的人产生共鸣。许多听众的母语不是英语，可能很难听懂关于近期事件的长篇大论。许多人不能理解导致英国宣战的复杂地缘政治。不过，国王对于听众的要求出奇地简单，那就是"保持镇静，坚定地团结在一起"。整篇演讲只有400多个单词，关于事实的篇幅只有不到一半：

> 在我们大多数人的一生中，这是我们第二次经历战争。我们曾一次又一次地试图以和平的方式解决我们和当前敌人的分

歧，但这完全是徒劳的。我们被迫卷入了一场冲突，因为我们需要和盟友共同对抗一种观念。这种观念如果流行起来，将会对世界上的一切文明秩序产生致命影响。这种观念使一个国家自私地追逐权力，无视它签订的条约和它做出的庄严承诺，用武力和武力威胁破坏其他国家的主权和独立。当你剥去这种观念的所有伪装时，你会看到一个单纯而原始的信条：力量即正义。

乔治六世略去的事实包括德国的重新武装、《凡尔赛条约》的撕毁、纳粹与意大利的结盟、莱茵区的重新军事化以及德国对捷克斯洛伐克的占领。令人吃惊的是，他甚至没有提到德国、希特勒以及德国对波兰的入侵。相反，国王专注于一项具有普遍感染力的道德声明。

尽管乔治六世的关注范围很小，而且明显忽略了一些事实，但是很少有人会说他对局面做出了错误解读。他说出了一组精心选择的事实，以便稳定帝国，让人民为战争做好准备。更多的信息不会使演讲变得更加真实，只会冲淡中心思想。

所以，竞争性真相可以得到建设性的使用。负责任的营销人员向不同消费群体传达不同信息，强调与每个群体最为相关的产品利益。医生告诉病人恢复健康所需要的医学事实，而不会用细胞生物学或制药学的复杂细节增加他们的负担。社会公平倡导者、环保主义者、神职人员、公共卫生官员和各种领导者需要选择合适的竞争性真相，以赢得人们的支持，实现自己的重要目标。

牙膏和乳腺癌

多年来，高露洁的广告一直宣称"超过 80% 的牙医推荐高露洁"。消费者自然认为，这种说法背后的调查数据衡量的是在所有牙膏品牌中将高露洁排在首位的牙医比例。实际上，牙医被要求推荐的品牌数量没有限制，大多数牙医推荐了多种品牌，而某个竞争对手的品牌被推荐的次数几乎和高露洁一样多。该调查所衡量的事情与他们引导我们相信的事情并不相同。高露洁的口号最终被广告标准管理局禁止——尽管它是真实的。

乔治六世用竞争性真相对现实进行了高度简化而真实的叙述，不知情的藜麦博主引用了歪曲现实的竞争性真相，高露洁的营销人员则故意使用了误导消费者的竞争性真相。他们并不孤单。政客们善于通过编织真相营造错误的印象。报纸用吸引眼球的标题歪曲真相，然后在阅读率较低的正文部分介绍事实。社会活动家挑选支持个人观点的真相，即使这会使他们曲解更大的真相。

精通竞争性真相的弗兰克·伦茨（Frank Luntz）表示："我唯一不相信的就是谎言。除此以外，你可以使用几乎任何语言。"我们稍后还会更加详细地介绍伦茨。

各行各业的人都在用真相误导你，包括应当向你提供公正而重要的建议的人。

⁑

乳腺癌是美国女性第二常见的癌症，是肺癌之后死亡率第二高的癌症。所以，当得克萨斯州卫生服务部在2016年面向孕妇发布的小册子中指出堕胎和乳腺癌的联系时，许多支持堕胎的读者感到非常惊慌。这本名为《女性知情权》的小册子中有一节讲述了"堕胎风险"，列举了5种风险，包括死亡、未来不孕以及……"乳腺癌风险"。下面是得克萨斯的官方健康建议：

> 你的怀孕史会影响你患乳腺癌的可能性。如果你将婴儿生下来，你未来患上乳腺癌的可能性就会下降。研究表明，堕胎不会为你提供这种对于乳腺癌的更好的抵抗力。

年轻时分娩的女性患上乳腺癌的风险似乎的确低一些。不过，根据这一领域所有最先进的研究，堕胎并不会提高患乳腺癌的风险。美国癌症协会表示："科学证据并不支持'任何形式的堕胎可能提高患乳腺癌或其他任何癌症的风险'这一观念。"隶属于美国政府的国家癌症研究院也同意这种观点："各项研究表明，诱发性和自发性堕胎与乳腺癌风险没有联系。"

不过，得克萨斯州卫生服务部并没有声称堕胎会导致癌症，它只是做出了暗示。负责这本小册子的政府官员完全可以说："完全避免怀孕也不会为你提供这种对于乳腺癌的更强的抵抗力。"得克萨斯州卫生服务部选择的词句是真实的，但它们显然是为了暗示一件不真实的事情。得克萨斯民众从州政府那里获得公正健康建议的权利败给了某种政治意图。

美国癌症协会首席医疗官奥蒂斯·布劳利（Otis Brawley）评论

道:"得克萨斯州的措辞非常小心。严格地说,它是正确的,但它具有欺骗性。"

具有善恶两面性的强大工具

每个人都有意图,沟通者自然会选择有助于推进个人意图的真相。不过,这种选择可能符合道德,也可能具有欺骗性。沟通者可以传达与客观现实相符的印象,也可以传达故意歪曲现实的印象。他们的意图可能是善意的,也可能是恶意的;可能符合听众的利益,也可能与听众的利益相冲突。竞争性真相在道德上是中性的,这和一支装好子弹的枪或者一盒火柴类似,其使用方式决定了它们的影响。我们会遇到人们以各种方式使用的竞争性真相,包括善意和恶意的方式。

为简便起见,我们可以考虑三类沟通者:

倡导者(advocate):用竞争性真相营造比较准确的现实印象,以实现建设性目标。

误传者(misinformer):无意中传播歪曲现实的竞争性真相。

误导者(misleader):故意用竞争性真相营造他们知道不正确的现实印象。

在上面讨论的例子中,乔治六世是倡导者,藜麦运动的参与者是误传者，高露洁的营销人员是误导者。

在反堕胎者看来，得克萨斯州卫生服务部可能是倡导者。不过，如果得克萨斯州卫生服务部的目的是让人们形成关于当前最佳的科学理念的错误印象，那么它也是误导者。如果一个人故意创造出歪曲现实的印象，那么不管他的意图是否正义，不管他的语言是否真实，他都是误导者。

英国广播公司播音员埃文·戴维斯（Evan Davis）采访过许多误导者，他指出："事实上，说谎常常是没有必要的。你可以在不使用任何谎言的情况下完成许多有效的欺骗。"

有时，沟通者的误导可能是有道理的。军队指挥官需要掩饰军事行动可能带来的危险，以保持士气。公共卫生官员可能需要淡化传染病的风险，以避免恐慌蔓延。托尼·布莱尔（Tony Blair）承认："为了实现更大的战略目标，政客常常需要隐藏、曲解甚至歪曲真相。"如果得克萨斯州卫生服务部能够挽救未出生的生命，你也可能觉得他们的误导是正确的。我不是想告诉你谁对谁错，只是想指出，你需要考虑这种沟通的道德维度。你可以自己判断误导性真相是否合理。

对于哲学家的简短寄语

哲学家对于真相这一话题进行了诸多辩论，他们的争论点包括真相与知识的关系、真相的客观性和普遍性、真相在宗教中的地位等。谈论这类问题的书籍有很多，但是不包括这本书。我读过几本这样的书,坦率地说,它们使我感到头疼。

这本书是想为那些准备用真实陈述劝说和鼓励人们的沟通者以及任何担心他人用真相误导自己的人提供一份实用指导。这不是一部哲学作品。不过,我还是要在此澄清我所说的真相是什么。

一些真相基于事实,它们应该没有太大争议。[1]例如,印度独立日和水的沸点是可以通过研究或科学测量确认的事实性真相。不过,人们做出的许多陈述既不基于事实,也不是错误或谎言。我们会谈论某件事物是否优秀或理想,或者它的价值是多少。这通常是主观判断,但我们认为它们是真相,而且可能会与任何认为它们不实的人争论——至少,它们对我们来说是真相。我们对未来的一些预测以及我们的一些意识形态和宗教信仰也是如此。

对一些人来说,包含主观判断、预测和信仰的真相定义可能太宽泛了。不过,一部局限于事实性真相的书无法使我们充分理解沟通者是如何用真实的陈述(或者至少不是虚假陈述)说服人们接受某种思想和行为的。如果一位备受尊重的食品评论家声称某道菜很美味,我会很高兴地将他的判断作为真实的陈述,并且根据这种陈述点餐。如果一位有经验的土木工程师喊道:"这座大楼要塌了!"我会将他的预测作为真实的陈述,并且开始逃命。

因此,本书不仅关注事实性真相,而且关注被我们当作真相并且据此采取行动的陈述。为简便起见,我将这类信仰、断言、判断和预测称为"真相",这种称呼仅仅意味着我们认为它们不是不实

---

1 我意识到,在我们这个由党派组成的后真相世界上,这是不现实的。

的。沟通者一直在发表可信的非事实性陈述，所以我们应该理解它们何时成立以及它们可能如何影响我们。伏尔泰说过："一些真相既不适用于所有人，也不适用于所有时代。"本书试图将这些真相包括在内。

我的视角可能很宽泛，但它并不包括虚妄。我们不会考察谎言、另类事实、阴谋论、假新闻以及后真相时代的其他所有令人窒息的垃圾。许多作家、评论家和记者都在忙于揪出我们这个时代的说谎者和捏造者，他们已经做得很出色了。因此，我们会专注于那些隐藏在真相遮羞布后面的误导者。

最后，我要对仍然在阅读这本书的哲学家说几句话。看到我对竞争性事实的讨论，你可能怀疑我是一个对所有真相一视同仁或者认为真相只是个人意见的邪恶的相对主义者。请放心，我不是。我对事实性真相持绝对主义观点：真相就在那里，即使我们只能抓住它的一些片段。不过，你将会看到，关于道德和价值判断，我持有更加倾向于相对主义的立场。考虑到个人知识的局限性，我愿意将来源可靠的事实看作真相，即使我没有亲眼看到。所以，我完全愿意承认，加纳是一个非洲国家，大卫·鲍威（David Bowie）已经去世，猪不能飞。如果你是一个不相信这类陈述的怀疑论者，这本书可能不适合你。

4 种竞争性真相

《后真相时代》将会带我们浏览竞争性真相的世界。这个世界五彩缤纷、极具创意，而且含有一些骇人听闻的事情。我们将会考察诸多案例，比如以色列学校的历史教育、麻醉剂几十年来的形象、对于失败的奇特追捧、女权主义的最佳定义、卡特里娜飓风过后的故事、工资如何会在政客口中既上升又下降、无人驾驶汽车的引入对于立法者的考验等；我们会看到政治、商业、媒体和日常生活中的各种竞争性真相；我们还会考察倡导者和误导者使用的一些沟通策略。

读完本书，你应该可以发现和对抗周围的众多误导性真相，与家人、朋友和同事进行更加有效的沟通。当你明智地解读真相并以令人信服的方式讲述真相时，你几乎一定会变得更加富有、快乐、稳重、更具吸引力（这是预测，不是事实性真相，所以请不要让我为此负责）。

本书分为4个部分：

第一部分：片面真相。

我们的大多数陈述是真实的，但它们并没有传达完整的真相。这是因为，即使最为平凡的主题也是非常复杂的。真相的片面性是我们无法回避的沟通特点。我们对于历史的理解来自片面真相，而这种理解又会影响我们。要想很好地理解事物和事件，背景是至关重要的，但是背景可以有截然不同的描述方式。统计量和其他数字是竞争性真相的丰富来源，因为许多人有时并不理解这些数字的含义。故事已经成了我们的主要沟通形式，但我们的故事必然会遗漏许多相关细节。

第二部分：主观真相。

人们会为谁对谁错而斗争，会为了自己的愿望在碎玻璃上爬行,会排着长队购买昂贵的产品。当你宣布某件事物很好、很理想或者具有财务价值时,你是在表述主观真相。由于这种主观性,它可以被改变。由于我们感知到的道德、吸引力和财务价值是我们的主要动力,因此理解如何改变某人的主观真相可能是理解如何说服他们做出改变的关键。

第三部分:人造真相。

众所周知,语言具有灵活性。如果我们套用适合自己的定义,我们就可以根据自己的意愿改变语言的含义。类似地,我们为产品、事件和政策赋予的名字可以决定它们的成败。名字和定义都是人造的——它们是人造真相。用新的名字和定义迎合个人目的的沟通者实际上是在打造新的真相。人类善于打造抽象事物,包括货币、公司、政治实体和品牌。由于这些社会建构是人类的发明,因此它们是一种很容易修改的真相。

第四部分:未知真相。

在决定投资、婚姻、教育以及生活中的其他许多事情时,我们根据最可信的预测采取行动。这些预测可能存在很大的差异,不同的人对于未来持有不同的看法。在未来变成现实之前,在我们亲眼看到之前,它们一直是竞争性真相。我们也许永远无法发现关于意识形态和宗教信仰的真正真相,但它们也是数百万人的重要动力。对许多人来说,只要我们无法证明这些信仰是错误的,它们就是真相的一种形式。

选择你的真相并改变世界

乔治·奥威尔在反乌托邦小说《1984》中设想了一个噩梦般的社会。在这里,"真理部"官僚通过传播谎言和制造关于过去的虚假叙述来歪曲现实。他们通过一种具有限制性的新语言和"思想政策"阻止公民对政府宣传进行批判性思考。奥威尔的主角温斯顿·史密斯很想对抗政府的谎言,他对自己说:"世界上有真相,也有谎言。如果你坚持真相,即使全世界都在反对你,你也没有发疯。"

拜社交媒体和可穿戴设备所赐,奥威尔反乌托邦版本的全面监视似乎正在以他想象不到的另一种形式变成现实。同时,事实证明,他对于真相质量的担忧也是合理的,只是方向错了。人们不仅仅在向我们述说谎言;更加隐蔽的问题是,我们经常受到真相的误导。

当我们像温斯顿·史密斯一样宣布真相只有一个,其他一切偏离这个真相的都是错误、谎言和虚妄时,生活似乎是很简单的。当你想到我们可以通过选择不同的真相来影响现实时,你会感到极度不安。竞争性真相的概念本身就会给人一种狡猾、不真诚、诡诈的感觉。

不过,它们可能产生巨大的影响。

竞争性真相存在于人类活动的几乎每一个领域,我在下面列举的例子反映了这种多样性。一些例子具有政治性或争议性,比如得克萨斯州卫生服务部对孕妇的建议,这是这一主题的性质决定的。

你可能不同意我在某个案例中的观点，但你应该认识到表述不同真相的可能性及其影响。

通过竞争性真相来影响现实的做法可能会令人困惑，尤其是当我们挑战我们长期认为理所当然的事物的合法性时。当统计量和定义得到巧妙而卑鄙的使用时，它会显得装腔作势，使人感到愤怒。当我们对世界的理解突然转变，看到新的可能性时，它是令人兴奋而富于启发性的。总而言之，竞争性真相与我们所有人息息相关。不管我们是否愿意，它们都在影响我们每一天的生活。我们自己和我们的社会应该更好地认识它们，负责任地使用它们，并在必要时对抗它们。

如何应用于现实

某件事情通常有不止一种真实的表述方式。我们可以建设性地使用竞争性真相，鼓励人们开展行动。同时，我们也应该留意那些用竞争性真相误导我们的沟通者。在每章结尾，你会看到关于这两个方面的简短而实用的指导。

竞争性真相的使用常常会引发道德问题。所以，为避免每章都要谈论这个问题，让我们首先确定一个简单的经验规则：

如果受众和你对于你的主题具有相同的了解，他们是否认为你做出了公正的描述？

如果你的回答是肯定的，那么你很可能做对了。

根据这条经验规则，我对沟通提出了三条道德标准：

1. 它在事实上是正确的。
2. 它是想取得受公众支持的建设性结果。
3. 它不会使受众做出伤害自己的行为。

你可能有不同的标准——希望你能通过这些标准确保自己不会成为误导者……除非你决心成为误导者。

后 真 相 时 代

TRUTH:
How the Many Sides to Every Story Shape Our Reality

第一部分　片面真相：沟通者选择的真相

第一章　复杂性

> 真相是散落成无数碎片的镜子,每个人都认为自己看到的一小片是完整的真相。
>
> ——理查德·伯顿（Richard Burton）
>
> 《哈吉·阿卜杜·埃尔－叶兹迪的卡西达》

现实是复杂的

桌上有一枚蛋。

这是一句简单而明确的陈述。你能描绘出这枚蛋的形象吗？

暂时闭上眼睛，想象一枚摆放在纯白色桌子上的蛋。

你有多大把握确定你看到的蛋和我看到的蛋是一样的？

你想到的是鸡蛋吗？

为什么不是鸭蛋？或者鸵鸟蛋、恐龙蛋、青蛙卵或者鲟鱼卵呢？为什么不是人卵？

为什么不是镶有珠宝的法贝热彩蛋、复活节巧克力彩蛋或者蛋头先生？

回到鸡蛋上来。你看到的是带有蛋壳的完整鸡蛋，还是盘子里的熟鸡蛋？是煎鸡蛋、炒鸡蛋还是煮鸡蛋？如果是新买的完整鸡蛋，你是仅仅看到了蛋壳，还是想象出了蛋黄和蛋白？你是否想到了血点、蛋白质和脂肪、内部不同物质的分子结构、脱氧核糖核酸及其携带的数千个基因、由它们编码的大量细胞过程、几万亿个原子或者极其复杂的化学键？

这个鸡蛋的象征、使用和文化内涵呢？你是否想到了新的开始和创造的火花？你是否想到它代表了我们的整个宇宙？也许你想到了蛋糕和蛋白酥，或者《铁窗喋血》和《快乐的大脚》中令人难忘的鸡蛋场景？你是否将鸡蛋看作抗议者的武器或储蓄工具？你看到的是鸡蛋的油画吗？如果是，这是真正的鸡蛋吗？

实际上，蛋是非常复杂的事物。

⁜

1986年，《卫报》在电视台和电影院播出了一则广告，它在我脑海中留下了极其深刻的印象。在这部黑白短片中，一个光头仔正在逃离一辆驶来的汽车。广告没有任何背景音乐，只有一句严肃的旁白："从一个视角看到的事件会给人一种印象。"接着，广告从另一个角度展示了同一个人：他径直朝一个商人跑去，似乎想攻击他或者偷走他的旅行包。"另一个视角给人一种完全不同的印象。"镜头又一转，我们从上方看到了整个场景：一批建筑材料在商人头顶上方颤抖着失去了控制。光头仔将商人拉到一边，在货物落地之前挽救了他的生命。"只有当你看到整个画面时，你才能充分理解正在发生的事情。"旁白总结道。

这则名为《视角》的广告由BMP的约翰·韦伯斯特（John

Webster)制作,目前仍然被称为史上最佳的电视广告之一。相当一部分英国观众获得了一个强烈暗示:只有《卫报》才会呈现世界的本来面目,而不是仅仅展示一个受到政治影响的观察角度。这是一次有力的宣传,取得了很大的成功,这使该报在 2012 年的宣传中再次采用了"完整画面"的主题。

问题是,没有人真正拥有整个画面。生活是极为复杂的,你不可能看到整个画面。

⁑

从最近的窗户往外看。你看到了什么?有多少辆汽车?它们的颜色和材质如何?有多少种植物?你能看到井盖吗?大楼是用什么材料建造的?有多少扇窗户是开着的?

如果你难以完整描述窗外的视野,请试着概括一个人。你的女儿、侄女或妹妹在学校里的表现是否优于同龄人?如果是,你想到的很可能是她的考试成绩或者她赢得的跑步比赛。不过,这些指标真的足以评价一个迅速变化的、具有多面性的个体吗?她的道德水平如何?她的午餐选择是否健康?她的自拍照获得了多少个赞?

如果我们在形成关于现实的实用理解之前试图考虑所有可用信息,我们的脑袋就会爆炸。我们别无选择,只能去简化和选择。我们所有人一直在这样做。问题是,每个人可能会选择不同的角度呈现现实世界。你可能会在窗外看到 5 种不同的树,我可能会在窗外看到井盖。

我们观察的是同一个世界，但我们对它的理解是完全不同的。我们就像印度耆那教传统故事中初次接触大象的盲人一样：

摸到腿的人说，大象就像柱子一样；
摸到尾巴的人说，大象就像绳子一样；
摸到鼻子的人说，大象就像树枝一样；
摸到腹部的人说，大象就像墙壁一样；
摸到象牙的人说，大象就像烟斗一样；
摸到耳朵的人说，大象就像扇子一样。

我们如何决定将什么包含在我们对现实的采样中？我们可以根据兴趣、自然倾向或者目前想到的任何事情进行无意识选择。我们可以专注于我们理解的或者符合我们思维模式的事情，丢弃或淡化与我们当前对世界的理解存在冲突的思想和数据；也可以有意选择现实之中符合我们目的的部分。

汽车测试

立法者很快就会面对这样一个问题："我们是否应该允许私人拥有的无人驾驶汽车开上城市街道？"

他们应该怎样回答呢？

到目前为止，无人驾驶汽车对于大多数人来说都是新鲜事物。谷歌和特斯拉正在做这方面的研究，大型汽车公司也都有自己的研发计划。你可能看过像吊舱一样的谷歌无人驾驶汽车的视频，也许它们的设计影响了你的观点。你可能听说某人以自动导航模式驾驶特斯拉汽车时不幸遇难，也许这影响了你的观点。

负责任的立法者在制定决策之前可能会从公务员、相关方和政治顾问那里收集更多信息，他们可能会从不同的人那里听到各种竞争性真相。

经济学家：无人驾驶汽车会成为一个巨大的新兴行业，刺激技术发展和消费需求，促进经济增长。无人驾驶汽车还可以解放几十亿小时的驾驶时间，使司机从事生产率更高的工作或者进行数字娱乐消费，二者都有助于经济发展。

行业工会代表：无人驾驶汽车不需要司机，因此货运和出租车行业会有数百万人失业，使不平等加剧。利润会被优步和UPS大量攫取，普通工人会受到影响。

环保主义者：无人驾驶汽车会降低出租车成本，提高替代性出行模式的吸引力，使购车人数下降，减少交通拥堵以及能源和资源的消耗。另外，无人驾驶汽车的行驶比人类更加高效，可以减少尾气排放和损耗。

安全专家：每年有近130万人死于交通事故，其中大多数交通事故是人为失误导致的。虽然软件故障和对危险感知不足会导致一些无人驾驶汽车事故，但是如果人类不去控制汽车，我们的道路会变得更加安全。

政治顾问：同新问题相比，选民对老问题的容忍度要大得多。如果无人驾驶汽车系统故障导致几百人在道路上死亡，即使交通事故的死亡总人数下降，这在政治上可能也是不可接受的。

自主汽车制造商：实际上，无人驾驶汽车有许多不同的类型。一些无人驾驶汽车需要人类参与"高级司机辅助系统"，一些无人驾驶汽车可以提供人为控制选项，另一些无人驾驶汽车则完全没有人机界面。这不是一个二选一问题，它取决于你准备允许多大程度的自主性。

保险商：大多数保险需要从个体司机的人为失误险转变成制造商技术失误险，这可能会为整个保险行业带来一场灾难。

城市规划者：无人驾驶汽车不需要停在城市中心，所以我们可以将目前作为停车场的上万平方米优质城市土地转变成利润丰厚的开发区或者公园、游乐场等设施。

城市管理者：我们依靠停车收入支付城市服务费用。如果人们不再需要停车，我们需要提高市政税或者削减服务，这将伤害弱势群体。

商业领袖：无人驾驶汽车未来将成为全世界的标准。我们准许无人驾驶汽车上路的时间越早，我国公司在新兴的全球无人驾驶汽车行业拥有的先机和竞争优势就越大。

安全专家：无人驾驶汽车很容易受到黑客攻击。某一天，我们的汽车可能会全部瘫痪，或者被恐怖分子或敌对国家控制。

伦理哲学家：在为无人驾驶汽车设置程序时，我们需要考虑极端情况下的选择，比如是撞击横穿马路的孩子，还是避到路旁，危及路人的生命？作为立法者，你需要决定无人驾驶汽车在许多可怕局面下应该采取的行动。

这种广泛的咨询即使无法降低立法者的决策难度，至少也可以使他们对于这个极其复杂的问题获得比较均衡的视角。不过，假设立法者忙于其他事务，每个立法者只能征求一个顾问的意见（这很常见）。他们也许只能获得关于这一问题的一个主要视角。他们就像摸象的盲人一样，每个人只能获得片面的理解——这种理解可能具有误导性。

现在，想象人们就这一问题举行公投。如果政客们难以将这个问题的所有角度考虑在内，大多数投票者花时间研究所有角度的可能性又有多大呢？

由于这类问题的复杂性、现代生活的快节奏和狭窄的关注范围，在大多数讨论中，我们只能考虑某个主题的少数几个角度。如果我们不能确定自己听到了每个群体的声音，我们就无法接近事情的全貌。

大多数人都是这样。我们从几个狭窄的渠道了解新闻和意见。我们往往会和想法一致的朋友或同事讨论问题。证实性偏差是普遍存在的。我们会下意识地滤除与我们的想法存在冲突的思想或数据。因此，我们很容易对非常重要的问题做出极具选择性的描绘。在许多问题上，我们只能听到很小的一部分竞争性真相。

※

我们可以用随处可见的照片来类比竞争性真相。

当你拍照时，你的相机会精确捕捉到前方的图景。不过，你可以通过许多途径影响照片中的现实。你可以选择镜头中包含的事物。你可以通过焦距改变镜头中各元素的比例关系，聚焦一个元素而不是另一个，用闪光灯照亮事物或者故意曝光不足。拍照以后，你可以用数字处理工具使照片中的一个区域变亮，另一个区域变暗。你可以改变颜色，增加对比度，调整照片的纹理。

相机永远不会说谎……不过，你可以为同一场景拍下一千张不同的照片。

你可以选择略去不理想的元素，正如你可以选择将一些元素包含在照片中。不喜欢多琳姑姑？只要移动相机或者裁剪相片，她就可以消失在视野中。我们在沟通中也会做同样的事情。

我们繁忙的立法者咨询了他的特别顾问，后者阅读了关于无人驾驶汽车的一切信息。顾问需要做到铁面无私，配给所有角度合适的权重，而不是偏向于某个个人意图。投资于无人驾驶汽车制造商的顾问不太可能强调黑客威胁或失业预期。另一方面，嫁给出租车司机的顾问可能会淡化无人驾驶汽车在环保和安全方面的优势。

类似地,当立法者做出决定以后,他如何在国会、议会和媒体上为自己的立场辩护呢?他可以简短地承认对自己不利的一两个问题,并将演讲或汇报的重点放在支持个人立场的论点上。

> **复杂性策略 #1**
> **忽略**

对于所有人来说,忽略是一个很自然的策略。我们不会在脸谱网上贴出有损形象的照片,不会在第一次约会时谈论我们打鼾的问题或者我们讨厌的亲戚。主题越复杂,忽略不利真相的机会就越大——因为其他方面可以说的事情太多了!

我们会看到,人们常常通过忽略来隐藏重要真相和歪曲现实。资产经理会设立各种不同的基金,但是只会宣传增长率最好的基金。医疗管理者会庆祝癌症死亡人数的下降,但是不会提到住院感染人数的上升。食品包装会大肆宣扬健康的原料,同时将不健康的成分以小号字印在背面。

不过,忽略不一定具有误导性。电脑制造商和零售商可以用不同于竞争对手的 100 个技术性很强的功能和设计细节迷惑我们。不过,他们知道我们应付不了这么多信息。所以,他们忽略了大多数信息,专注于少数简单指标,比如内存容量和处理器速度。我们看不到其他众多微妙的产品区别,这也是我们所希望的。

复杂公司

当出版商阿歇特2014年就电子书定价权向零售巨头亚马逊宣战时,《出版者周刊》问道:"亚马逊真的是恶魔吗?"这份行业杂志的不偏不倚令人钦佩:"一些专业图书人士和出版商反驳了传统观点,认为亚马逊不是恶魔的化身。"

长期以来,书店一直很讨厌亚马逊,这是可以理解的。作为在线零售商,亚马逊致使许多书店倒闭。英国水石连锁书店总经理詹姆斯·道恩特(James Daunt)称亚马逊是"无情的赚钱恶魔"。通过实体书店的人工销售建立起巨大读者群的作家由于自己的损失而提出了谴责。作家和书店创始人安·帕切特(Ann Patchett)说:"亚马逊气势汹汹地想杀了我们。"时任美国作家行会主席的斯科特·特罗(Scott Turow)称亚马逊是"文学界的达斯·维德(Darth Vader)[1]"。

同时,曾对亚马逊带来的额外销售表示欢迎的出版商开始惧怕这个在线巨头取得的行业主导地位。他们与亚马逊就销售条款激烈交锋,阿歇特争端只是其中最受关注的一个。当亚马逊开始"制裁"阿歇特旗下的作家,延误其作品的运输,引导购物者远离他们的作品时,900多位作家联名发表了抗议信。发起运动的作家联合会呼吁美国司法部调查这家零售商:"我们相信,亚马逊利用自己的主导地位伤害了美国读者的利益,压榨了整个图书行业的

---

[1] 原名阿纳金·天行者,《星球大战》中的大反派——编者注。

利润,影响了许多作家的职业生涯(并使他们产生了恐惧),阻碍了思想在我们这个社会中的自由流动。"

另一方面,许多作家和小型出版商将亚马逊看作他们的救星。Kindle 直接出版平台(Kindle Direct Publishing)允许作者出版自己的电子书并获得 70% 的销售分成。其中,许多作者曾被传统出版商拒绝或抛弃。70% 的销售分成也比企鹅兰登书屋和阿歇特这样的出版商高得多。《前景》杂志的乔纳森·德比什尔(Jonathan Derbyshire)指出,这些作者将亚马逊看作"文学生产和分配途径大型民主化的助产士"。在一项面向英国作家协会成员的调查中,人们"对于亚马逊的表扬远远多于批评"。

"更多的人正在购买更多的书,更多的人正在通过写书谋生,"作家巴里·埃斯勒(Barry Eisler)评论道,"那些富豪作家为什么想毁掉一家实现这一切的公司呢?"

小型出版商也可以用 Kindle 直接出版平台出版电子书,而且可以向全球读者销售纸质书。他们可以在 30 天内收到货款,这是其他书商和分销商很少能够做到的。正常情况下永远不会出现在书店货架上的"长尾"出版物的作者和出版商有理由感谢亚马逊。类似地,当一些读者为本地书店的消失而哀悼时,另一些人却在享受亚马逊带来的更低价格和更多选项。通过 Kindle 电子阅读器系列产品,这家零售商在电子书的推广上取得的成绩远远超出其他任何公司,并在这个过程中鼓励数百万人加入到读者行列之中。

当然,这些叙述是一种过度简化。你还可以说出亚马逊对于图书行业的其他许多影响。你知道吗？亚马逊还经营着一家电子书"借阅图书馆"，而且已经成立了一家出版商。由于亚马逊是一家极为复杂的公司，因此作者、出版商、书商和读者可以根据他们听到的众多竞争性真相中的一部分形成对该公司完全不同的看法，并且可以选择传播关于该公司完全不同的消息。

这仅仅是图书而已。

亚马逊销售的其他所有商品呢？

亚马逊开展的其他所有业务呢？

亚马逊市场允许数百万企业和个人直接向亚马逊顾客销售商品，为新手企业家打开了进入市场的宝贵渠道。亚马逊甚至会为他们存储货物和完成订单。

亚马逊提供视频和音乐服务，并且制作自己的电视剧和电影。

亚马逊拥有全食超市。

亚马逊经营着全球最大的公共云服务，2017年在云服务市场份额是34%（微软排在第二，只有11%）。亚马逊网络服务提供廉价而可靠的云存储，就连通用电气和苹果这样的公司也在用它代替企业内部服务。无数互联网初创公司都在依靠亚马逊网络服务，该服务对网络创业者的作用就像亚马逊市场对新手零售商的作用那样。Airbnb和网飞等各种颠覆行业的企业都在利用亚马逊云服务改变我们的世界。就连中央情报局也在使用亚马逊云服务。

我们没有时间谈论亚马逊的经营方式，但它的工作条件和纳税情况显然会为这段关于该公司的简短描述添加更多真相。未来将会怎样？无人机送货、服务市场、消费者物流业务、新的全球支付系统、三维打印、人工智能——这些复杂业务甚至可能超出贝佐斯本人对于公司的理解。

那么，亚马逊是什么？这取决于你把哪些真相排在前面。书店摧毁者、作者救星、垄断恶霸、小企业助力者、杂货店、避税者、阅读推动者、电影工作室、技术革新者、专制雇主、虚拟市场、全球分销商，或者销售冠军。你可以随意选择。当你下次听到它的名字或者在门口地垫上看到它的品牌包装时，你可能没有足够的时间或意愿去回忆该公司的众多面目。一两个关键真相会占据你的意识。亚马逊是什么？这取决于你的选择。

探索复杂性

憎恨亚马逊的人可能已经火冒三丈了。他们可能觉得我通过谈论该公司的其他众多面目冲淡或混淆了他们的具体关注点。亚马逊为初创公司提供廉价云服务，那又怎样？这无法掩盖他们对我们本地书店造成的破坏！

这是沟通者用于影响现实的另一个关键策略。面对令人不快的真相，他们不是忽略它们，而是将其淹没在其他大量真相之中。我们的税收改革政策的确对残疾人不利，但是让我谈一谈所有能够从中受益的群体。

在使用这一策略时，倡导者可能会用一些同等重要，但是更加令人愉快的竞争性真相来稀释不利真相。这样一来，没有倾向性的倾听者可以通过权衡认识到，不利真相的分量不及其他真相。

误导者可能会用不相关的真相实现同样的结果。是的，我们的税收改革政策的确对残疾人不利，但是残疾人目前的就业人数比过去任何时候都要多，科技的发展也在为残疾人提供越来越大的帮助。这三项陈述都是事实，而且似乎存在联系；你可能会说，由于更好的就业和科技前景，政府可以减少对残疾人的帮助。实际上，第二个和第三个事实完全无法缓和第一个事实。不管怎样，这项政策都会对残疾人不利。

> 复杂性策略 #2
> 混淆

近年来，最具戏剧性和破坏性的混淆案例之一发生在南非。在那里，极度富有的古普塔家族由于明显的权势和对国家政治的影响受到了媒体调查。古普塔家族与总统雅各布·祖马（Jacob Zuma）的紧密关系使他们受到了"绑架国家"的指控——私人利益在很大程度上控制了政府活动的系统性政治腐败。南非人吃惊地发现，古普塔家族被允许以个人目的使用南非空军基地。到了 2016 年，祖马不得不在国会否认自己曾让古普塔家族选择政府部长。

2016年年初，由古普塔家族所有的奥克贝投资公司雇用了英国公关事务所贝尔波廷格，后者以帮助一些极其讨厌的客户著称。该事务所忽略真相的策略在几年前被揭露出来，当时新闻调查局的研究显示，有人用贝尔波廷格的计算机删除了其客户在维基页面上的负面内容。奥克贝委托贝尔波廷格在整个南非推动"关于该国存在'经济种族隔离'[1]，需要更多'经济解放'的讨论"。看起来，这项每月10万英镑的任务是为了自私地将人们的注意力从古普塔家族绑架国家的丑闻上移开。贝尔波廷格需要让整个国家考虑其他事情，关注另一个敌人："白人垄断资本"。

我们现在还不清楚贝尔波廷格是否故意重提了这个古老但却仍然具有破坏力的词语。不过，贝尔波廷格和奥克贝之间已经泄露的电子邮件显示，该公关事务所的目的是"通过广播、社交媒体和/或口号实施合适的吸引策略，比如'#结束经济种族隔离'。"这个具有历史意义的词语从一开始就是他们这场运动的核心。

此后，贝尔波廷格受到了制造假新闻的指控。实际上，该事务所使用的大部分煽动性材料在事实上都是准确的。在南非政治种族隔离结束后的超过25年时间里，该国大多数财富仍然掌握在少数白人手里。经济学家托马斯·皮克蒂（Thomas Piketty）研究了南非2015年的收入分布，发现了与种族隔离时代"相同的种族不平等结构"。用发起这场运动的合伙人维多利亚·格奥海根

---

[1] 种族隔离制度的实施一直持续到1991年。在南非，种族隔离目前仍然是一个极具煽动性的词语。

（Victoria Geoghegan）的话来说，贝尔波廷格"利用令人信服的研究、案例和数据说明种族隔离仍然存在"。

所以，贝尔波廷格炮制的大多数演讲、社交媒体帖子和口号都是真相。不过，该事务所之所以获得如此丰厚的报酬，是因为他们的行为转移了公众对于古普塔家族的注意力。他们使用这些真相是为了在高度紧张的政治环境中故意把水搅浑。

遗憾的是，对于这个已经被社会和政治问题困扰的国家来说，关于经济种族隔离的讨论非常成功。对于"白人垄断资本"的愤怒迅速在整个南非蔓延开来。到了2017年，贝尔波廷格被指开展了一场种族分裂运动，使多年来艰难取得的和解成果毁于一旦。该事务所开始被有声望的客户抛弃。随后，格奥海根被解雇，总裁辞职，贝尔波廷格进入了破产管理程序。一家以影响现实著称的事务所最终却无法挽救自己的名声。这件事对其他误导者的教训是显而易见的：如果你一定要混淆视听，请对你引入的无关真相进行仔细选择——它们可能会对你造成伤害。

> 复杂性策略 #3
> 关联

误导者可以通过混淆将坏消息淹没在其他真相的海洋之中，也可以通过关联使人们觉得两个或更多无关真相之间存在联系。

2017年，《泰晤士报》一篇批评绿色能源政策的文章在一位前英国内阁大臣的照片下面附上了这样的文字：

> 克里斯·休恩（Chris Huhne）在担任能源和气候变化部长期间支持木质颗粒绿色补贴。2013年，62岁的休恩先生由于滥用司法程序而被监禁。

克里斯·休恩由于对一次违章驾驶撒谎而被定罪，这与绿色补贴没有任何关系。《泰晤士报》将这两个不相关的真相结合在一起，使人觉得休恩在推动这项政策时采取了恶意行为，甚至违反了法律。这篇文章下面的第三自然段出现了一个更加贴切的真相：休恩"目前是美国木质颗粒供应商齐尔卡生物质量公司的欧洲区主席"。如果《泰晤士报》将这个真相作为照片注释，他们就可以更加诚实地揭示这位前内阁大臣的动机。也许，编辑们觉得这个行业职位无法像毫无关联的监禁那样有力地证明他们的观点。

当小布什在"9·11"袭击一年后的电视讲话中说明入侵伊拉克的理由时，他选择将基地组织和伊拉克联系在一起：

> 我们知道，伊拉克仍然在资助恐怖活动，为那些通过恐怖主义破坏中东和平的组织提供支持。我们知道，伊拉克和基地组织恐怖网络拥有共同的敌人——美国。我们知道，伊拉克和基地组织拥有长达10年的高层联系。一些逃离阿富汗的基地组织领导人去了伊拉克，包括一个非常资深的基地组织领导人，他今年在巴格达接受了治疗，并且与生化攻击计划有关。

我们了解到，伊拉克曾培训基地组织成员制造炸弹、毒药和致命气体。

据我所知，上述每一项陈述都是事实。当它们被放在一起时，你会觉得伊拉克在资助基地组织，基地组织在以伊拉克为基地开展行动，基地组织在和伊拉克共同制订攻击美国的计划。这些都不是事实，而且布什也没有这么说。他不需要这么说。他从一个极为复杂的局面中精心挑选了一些真相，并将它们编织在一起，使美国听众得出了自己的结论。

误导者可以通过关联毁掉整个计划和运动。一些关键盟友的个人不当行为严重伤害了争取2008年共和党总统提名的鲁迪·朱利安尼（Rudy Guiliani）。在2007年的大多数时候，朱利安尼一直在共和党初选中保持领先。不过，到了6月，他的南卡罗来纳州主席托马斯·拉夫内尔（Thomas Ravenel）被指控贩卖可卡因。7月，南方区竞选主席戴维·维特（David Vitter）受到了接受卖淫服务的指控。当年晚些时候，另一个长期盟友伯纳德·克里克（Bernard Kerik）受到了税务欺诈指控。朱利安尼不应该为这些行为负责，他可能根本不知情。不过，这为他的对手提供了有力的口实。2007年7月，《纽约时报》的一篇关于朱利安尼的文章以"可卡因，腐败和娼妓"作为开头。这些片面真相与总统候选人的关联无疑促成了朱利安尼的失败。

第二年，类似的罪行关联模式几乎毁掉了竞争总统的贝拉克·奥巴马（Barack Obama）。美国广播公司新闻网在他当时的牧师杰里迈亚·莱特（Jeremiah Wright）的布道中挑选出了一些段落。这些段落对美国政府提出了严厉批评，其结尾是："不，不，不，不是上帝祝福美国，是上帝谴责美国。"虽然奥巴马本人从未表达此类观点或者使用如此恶毒的语言，但他被迫与牧师断绝了关系，并且脱离了他的教会，以便挽救他的竞选活动。

奥巴马和朱利安尼与这些丑闻没有任何关系，但他们的政治对手可以宣传关于他们周围人的片面真相，从而对他们造成很大的伤害。类似的策略被用于抹黑品牌、质疑科学发现和败坏许多人在公众心目中的形象。当周围人员和组织越来越多的信息可以被公开获取时，我们越来越容易通过与他人片面真相的关联而受到不公正的贬低。

一切事物都很复杂

你可能会反对说，我在这一章选择了一些极为复杂的例子。无人驾驶汽车和亚马逊都是现代科技经济中发展迅速、具有多面性的产品，贝尔波廷格丑闻和对伊拉克的入侵也很不简单。生活中不是每件事情都这么复杂。

不过，请回忆前面的那枚蛋。复杂性无处不在。我们认识的人、我们去过的地方和我们依赖的事物具有的多面性超出了我们大多数人的想象。当然，我们没有时间对它们进行完整的描述。

当你下次听到有人以"女人喜欢……""银行家是……""同性恋群体觉得……"开头时,你只需要考虑这些话语谈论的群体具有怎样的多样性、复杂性和矛盾性。也许这些话语的确反映了某种真相,但是我们一定可以在同样的群体中得出其他许多竞争性真相。

本章的主题是复杂性,但它的观点很简单:我们面对的大多数问题和实体过于复杂,无法得到完整描述;我们不得不表述片面真相,因为生活过于复杂,我们无法做出全面的表述。因此,倡导者和误导者可以通过选择支持个人意图的真相来影响现实。我们应该对政客、评论家和社会活动家保持警惕,因为他们一定会呈现出最适合自己的局部,而不是向我们展示整个画面。同时,我们也有机会从复杂的主题中选择简单的真相,从而更加有效地表达自己。只要我们选择强调的角度能够比较准确地呈现我们知道的事实,那么简化和选择对于沟通者和听众都是一件好事。

源于复杂性的片面真相具有各种特点。在下面几章,我们将探索4种片面真相:历史、背景、数字和故事。

如何应用于现实

考虑任何重要问题的许多不同方面,均衡地寻找各种不同观点。

选择那些可以支持你的观点,又不会歪曲你所传达的现实的真相。

通过忽略真相使问题变得更加清晰,但是注意不要误导听众。

当心……

将重要真相淹没在不相关海洋中的误导者。

仅仅通过关联,攻击人和项目的误导者。

第二章　历史

> 谁控制了过去，谁就控制了未来。谁控制了现在，谁就控制了过去。
>
> ——乔治·奥威尔，《1984》

芬达的发明

为庆祝 2011 年的重要周年庆典，可口可乐制作了一份 27 页的"简史"，题为"共享快乐的 125 年"。这份文本遍布美丽的插图和几十年来备具影响的广告，并为 1886 年以来的几乎每一年列举了一条事实。可口可乐的第二大国际品牌芬达在这份简史中出现在了 1955 年："芬达橙汁在意大利那不勒斯被引入，是公司分销的首个新产品。芬达风味饮品系列在 1960 年来到美国。"

奇怪的是，可口可乐的历史没有记录芬达 15 年前的发明和发布。1940 年的记录是"劳拉·李·伯勒斯（Laura Lee Burroughs）关于插花的小册子被分发给消费者。超过 500 万份小册子进入了美国家庭"。为什么要忽略如此重要的里程碑事件呢？

也许，这是因为芬达是在纳粹德国发明的。

在第二次世界大战以前，德国是可口可乐最成功的海外市场。不过，当战争导致贸易禁运时，德国的可口可乐分支机构无法进口制造可口可乐所必需的原料。所以，他们开始用乳清和苹果纤维等食品边角料开发替代性含糖饮料。芬达这个名字来自德语中表示想象的 Fantasie 一词。可口可乐德国有限公司的老板为这种饮料举办了命名大赛,让员工放飞自己的想象力。

新产品大获成功,1943 年的销售量接近 300 万瓶。当食糖开始定量供应时,一些德国人甚至用芬达作为汤类和炖菜的甜味剂。这是在艰难时期开展创新的有趣故事,但你不会在可口可乐的"简史"中看到它。[1]

> 历史策略 #1
> 忘记过去

国王们会做一些就连可口可乐也不敢尝试的事情。法国国王亨利四世(Henri IV)颁布的《南特敕令》(1598)的开头是这样的:

> 我们通过这项不可更改的永久性敕令确定和宣布:
> I. 首先,一方或另一方从 1585 年 3 月到我们获得权柄,在之前的困难中或者由于这些困难而做出的一切行动的记忆将被持续抹杀和遗忘,就像它们从未发生过一样。

---

[1] 可口可乐宣布:"芬达是'二战'期间在德国发明的,但是这个拥有 75 年历史的品牌同希特勒和纳粹党没有关系。"

这项遗忘政策的引入是为了避免毁灭性的宗教战争重新出现。在这场战争中，天主教徒和新教徒（胡格诺教徒）对抗了30多年。亨利四世要求他的臣民忘记已经发生的事情，希望为这个饱受创伤的国家带来和平。[1] 在国王的命令下，所有关于这场战争的文件和回忆录都被销毁。与宗教冲突有关的谋杀和其他罪行被搁置不审。囚犯被释放。戏剧和诗歌对近年来战争的提及被禁止。战争时期的诉讼被取消，其书面记录和证据被销毁。皇家公诉人被要求对胡格诺派政治集会的任何举动保持"永久沉默"。"原谅和遗忘"并不仅仅是民间谚语。在17世纪的法国，它是实实在在的皇家命令。

这个通过遗忘促进和解的政策只取得了暂时的局部成功。身为胡格诺教徒的亨利四世在1610年被一名狂热的天主教徒刺杀。几年后，宗教冲突重新开始。1685年，路易十四（Louis XIV）废止了《南特敕令》，导致大批胡格诺教徒离开法国。事实证明，前一个世纪战争的记忆是不那么容易遗忘的。

忽略罪恶

强制遗忘也许不切实际，但沟通者可以引导我们远离那些不符合他们需要的历史真相。正像可口可乐的小册子展示的那样，

---

[1] 在充斥着罪行和虐待的种族隔离时代过后，南非真相与和解委员会采取了相反的策略。"遗忘不是解决办法，"大主教德斯蒙德·图图说，"没有记忆，就没有愈合。"

要让历史符合你的当前意图，最简单的方法就是漏掉使你感到不便的部分。对历史的忽略在学校教科书中得到了广泛的使用，决定国家课程的公务员和政客选择忽略国家历史中比较尴尬和耻辱的部分。

对许多美国人来说，奴隶制和南方州随后对黑人的态度是美国历史的重要组成部分。根据曾获普利策奖的历史学家詹姆斯·M. 麦克弗森（James M. McPherson）的说法，"南北战争之所以发生，是因为自由州和蓄奴州对于国家级政府在还未成为州的领地上禁止奴隶制的权力存在无法调和的分歧"。在废除奴隶制后，南方州颁布了臭名昭著的《吉姆克劳法案》，在所有公共场所将美国黑人和白人隔离开。这种隔离延伸到了学校、公共汽车和饮水器，而且一直持续到了1965年。在同一时期，三K党的白人至上主义运动对非裔美国人、犹太人和民权活动家发动了恐怖袭击。

2015年，得克萨斯发布了新的美国历史教育指导，完全没有提及《吉姆克劳法案》和三K党。得克萨斯500万公立学校学生在新教材上了解到的事实是，导致60多万美国人丧生的南北战争主要是为了"州权利"而发起的。根据得克萨斯州教育委员会帕特丽夏·哈迪（Patricia Hardy）的说法，奴隶制是"南北战争的次要问题"。南方州最想保护的"权利"当然是买卖人口的权利。一本教材甚至委婉地说，大西洋奴隶贸易为南方州种植园带来了"数百万工人"。

一些美国学校历史课程对奴隶制和种族压迫的忽略和淡化将

会产生持久的影响。由于州教育委员会的故意调整，我们的历史知识空白已经很严重了。皮尤研究中心 2011 年在美国进行的一项调查发现，只有 38% 的受调查者认为南北战争"主要与奴隶制有关"。得克萨斯自由网络的丹·奎恩（Dan Quinn）说，"现在成长起来的许多南方白人相信，邦联的斗争是一项高贵的事业，不是为了捍卫一项奴役数百万人的可怕制度。"这种关于美国历史的歪曲印象只会使白人至上主义者获得力量，他们的仇恨和偏执在 2017 年的弗吉尼亚夏洛茨维尔得到了鲜明的体现。

⁂

以色列面临着关于巴勒斯坦人大移民的类似争议。阿拉伯人将这场移民称为"浩劫"。1948 年，当以色列建国时，超过 70 万巴勒斯坦阿拉伯人离开或者被迫离开了家园。大多数人成了约旦河西岸、加沙、约旦、黎巴嫩和叙利亚的难民，这些难民及其后裔现在已经超过了 400 万人。以色列法律禁止他们返回家园，或者没收了他们的财产，其中许多财产被以色列犹太人接收。

多年来，以色列小学历史课本一直没有提及巴勒斯坦浩劫。2007 年，以色列教育部宣布，一组面向 8 岁和 9 岁学生的历史书将首次提及巴勒斯坦人的重大悲剧。全世界将其视作两个对立群体迈向和解和增进理解的积极举措。实际上，修改后的教材只是供以色列广大阿拉伯群体使用的阿拉伯语教材。希伯来语教材没有得到修改，犹太儿童仍然在学习另一个版本的共同历史。两年后,当新政府掌权时,阿拉伯语教材中提及巴勒斯坦浩劫的内容也被删除了。新任教育部长吉迪恩·萨阿(Gideon Sa'ar)认为,没有一个国家会把它的建立描述成一场浩劫。"在阿拉伯语官方课程中包含这个词语是一个错误。"他说。

从表面上看,不让8岁儿童面对关于国家起源的可怕故事不是没有道理的。遗漏并不是撒谎。不过,以色列教材对巴勒斯坦浩劫的忽略对于以色列阿拉伯群体具有深远影响,而且会影响以色列年轻犹太人对于历史真相的认识。如果孩子们不知道他们的曾祖父曾经强迫几十万人离开祖祖辈辈生活的家园,那么他们可能很难对400万巴勒斯坦难民的持续困境产生同情。

∴

误导者可以通过忽略过去的罪恶回避批评,也可以通过忽略和淡化对手的成功来削弱对手。

小布什的众多诋毁者常常谈论对伊拉克的入侵和对卡特里娜飓风的迟钝反应。很少有人回忆总统的艾滋病救助紧急计划。该计划始于2003年,是全球最大的应对单一疾病的健康计划。布什成功地从美国政府预算中划拨出了150亿美元,用于在5年时间里支持发展中国家对人类免疫缺陷病毒和艾滋病的预防和治疗。此前,撒哈拉以南的非洲有5万人能够用上抗逆转录病毒药物。到布什任期结束时,这个数字已经超过了130万。布什还设立了12亿美元对抗疟疾的计划。布什在任期里为非洲提供的财务支持比其他任何总统都要多。他的前任之一、民主党总统吉米·卡特（Jimmy Carter）深受感动，对他在意识形态上的对手提出了表扬："总统先生，我想说，我对你充满了敬佩和感激之情，因为你为世界上最贫困的人们做出了巨大贡献。"

之前某位共和党总统对于环境的贡献也受到了轻视。20世纪60年代后期，整个美国对于石油泄漏、化学品倾倒、有毒杀虫剂、辐射尘埃和原野的消失非常担忧，当时的总统认为自己需要采取一些激进措施。他引入了《国家环境政策法案》，要求联邦机构对于公路和电厂建设、土地使用许可证的颁发以及其他许多行动进行评估。他拓展了《清洁空气法案》的范围，将二氧化硫、二氧化氮和颗粒物等空气污染物作为管理目标。他签署了《濒危物种法案》《海洋哺乳动物保护法案》和《海洋倾倒法案》，并且提出了《安全饮用水法案》。最重要的是，他创立了环境保护局，这是世界上致力于环境保护和治理的最有效的政府机构之一。

这位总统就是臭名昭著、备受诬蔑的理查德·尼克松（Richard Nixon）。

积怨已久

如果忽略是操纵历史真相最简单的形式，那么偏差选择可能就是最常见的形式了。我们每个人天生就具有这项技能。没有人需要在指导手册的帮助下在简历中强调我们过去最拿得出手的经历。如果你问 12 岁的孩子放学后做了什么,他可能会强调他完成的作业,而不是他玩了哪些电脑游戏。

选择性历史叙述可能极具误导性。我可以像下面这样非常真实地描述某个历史事件:

> 重要技术被开发出来,尤其是在交通运输、餐具和个人卫生领域。民主制度蓬勃发展,许多人加入了工会,获得了选举权,社会变得更加公平。许多穷人的膳食得到了改善,他们变得更加健康和强壮。婴儿死亡率下降,人均寿命上升。酗酒人数有所下降。工作岗位,尤其是女性岗位有所增加,这增进了性别平等。

我在谈论什么事件?

第一次世界大战。

在这场战争期间,飞机、不锈钢和卫生巾的技术得到了发展。在英国,全体男性获得了选举权,大约 40% 的女性也首次获得了投票权。德国、奥地利、俄罗斯和土耳其的帝国崩溃了,这使更加民主的政府成为可能。许多入伍士兵的伙食比他们在家里吃到的食物更有营养,其中英国士兵"每天都能吃肉"。当数百万男性被派往前线时,弹药制造和农业生产工作被提供给了女性,充分就业使许多家庭实现了之前从未有过的生活标准。新的法律降低了酒精的消费量,减少了家庭暴力。英国工党政客、后来担任首相的拉姆齐·麦克唐纳（Ramsay MacDonald）对战争持反对态度，但他也表示，这场战争对于英国社会改革的作用比过去半个世纪工会和人道主义者所做的一切努力还要大。

不过，这些事实不足以完整地描绘一场导致150万人丧生的战争。

> 历史策略 #2
> 有选择地记忆过去

英国首次试图加入欧盟的前身——欧洲经济共同体时，法国总统还是夏尔·戴高乐（Charles de Gaulle）。戴高乐否决了英国的申请。4年后，英国再次提出申请，但是戴高乐再次提出了反对。在欧共体成员中，只有法国反对英国的加入。

仅仅20年前，英国和美国军队牺牲了无数生命和财富，将法国从纳粹统治中解放出来。因此，法国的做法似乎极其忘恩负义。第二次世界大战期间，英国甚至在伦敦为戴高乐及其自由法国军队安了家，并且提供了政治、军事和财政支持。没有英国，戴高乐既不能领导自由法国，也不能加入什么欧共体。

看到戴高乐如此对待一个曾经大力帮助他的国家，许多人感到愤怒，包括戴高乐的亲密同事、法国前总理保罗·雷诺（Paul Reynaud）。雷诺向戴高乐写信抗议。戴高乐给他寄了一个空白信封,并在信封背面写道:"如收信人不在,请转到阿金库尔[1]或者滑铁卢。"戴高乐以这种方式说明了他的历史参考框架。他曾宣布:"我们最大的世仇不是德国,而是英国。"他对历史真相的选择使他的行为对英国和欧洲其他地区的关系产生了巨大影响,这种影响现在可能依然存在。

要想打造未来,请回顾过去

爱立信是一家电信跨国企业,有着令人震撼的丰富历史。20世纪90年代,这家瑞典公司是世界上最大的移动电话制造商之一。不过,几年的艰难岁月使其退出了这项业务,以便专注于通信网络的建设。现在,爱立信开始了连接物联网这一激动人心的任务。他们已经和丹麦运输公司马士基打造了"世界上最大的浮动网络"。他们正在与斯堪尼亚和沃尔沃合作,以连接公路车辆。不过,对于爱立信的10多万员工来说,在云、电视、IP网和物联网领域打造新业务所需要的转型并不轻松。

我和爱立信最大的部门之一进行了合作,以帮助其员工为这次艰难的转型做好准备。我们认为,最好的策略是将爱立信定位为科技先驱。你可以用其他许多方式描述这个巨大的组织。不过,通过关注公司富于开拓性和冒险精神的一面,我们希望鼓励员工接受新挑战,对于一切必要的职责和方向变化持开放态度。为了

---

[1] 在英法百年战争中,法军在阿金库尔被英军击溃。——译者注

将这家具有未来气息的高科技企业定位成行业先驱，我们考察了它的历史。

我们指出，公司创始人拉斯·马格努斯·埃里克森（Lars Magnus Ericsson）在1878年开始设计电话，当时大多数人还不知道这项技术的存在。爱立信的500交换机于1923年首次投入使用，将全世界的呼叫者连接在了一起。爱立信于1981年发布了首个现代移动电话系统。1986年问世的编程语言Erlang现在得到了WhatsApp、脸谱网、亚马逊以及数百万部智能手机的使用。爱立信发布或创造了二代、三代GSM和四代LTE的标准。爱立信工程师在1998年发明了蓝牙。

通过强调该公司历史上的特定元素，我们指出，爱立信的确是一家科技先驱，愿意在未知领域开展各种新的冒险。

同时，爱立信面临着另一个更加棘手的挑战：俄罗斯是该公司最大的市场之一，该国最近与欧盟交恶，因为他们入侵了克里米亚，挑起了东乌克兰的战争，击落马来西亚17号航班的武器也是由俄罗斯提供的。虽然欧盟在银行、能源和国防领域对俄罗斯实施了制裁，但是电信贸易并没有受到影响。不过，俄罗斯移动运营商对于与欧洲供应商的长期投资合作产生了疑虑。爱立信需要使俄罗斯顾客和员工相信，它完全支持俄罗斯的市场。

和之前一样，我们通过历史阐明了自己的观点。爱立信在130多年前开始在俄罗斯经营业务，为俄罗斯邮电局提供设备，并在圣彼得堡建立了一家工厂。20世纪初，俄罗斯市场的增长潜力似乎超过了瑞典本土,拉斯·马格努斯·埃里克森甚至考虑将公司总部迁往圣彼得堡。在1905年革命、日俄战争、第一次世界大战和海洋封锁期间,爱立信在俄罗斯的贸易并没有中断。这家瑞典公司与俄罗斯有着很深的渊源。短期政治争端不会威胁到他们对于一个拥有超过1.4亿人口的大国的长期支持。

事实证明,对于一家正在引领我们走向未来的优秀公司,历史是一个宝贵的资产。这是一种有选择的历史——我们没有提到,和其他大多数外国企业一样,爱立信在1917年布尔什维克革命之后被逐出俄罗斯,其圣彼得堡工厂也在没有补偿的情况下被国有化——不过,爱立信与俄罗斯的历史联系稳定了公司目前与这个重要市场的贸易关系。

竞争性真相的大碗

我的一位历史老师曾将历史比作一碗意大利面。他说,许多面条被混在了一起,历史学家需要选择一根面条,将其从其他面条之中抽出来,以便描绘出关于过去的连贯画面。我现在仍然觉得这是一个很好的比喻。每根意大利面都是一个竞争性真相:你选择抽出来的那根面条将决定你对过去的理解,而你的理解又会影响你现在的行动。

这不仅仅适用于地缘政治和公司历史。谁没有尝试过重新解读一段关系或一种观点的历史?对过去的理解对于我们的现在和未来非常重要。我们的历史塑造了我们的身份。它影响了我们的思考方式。

不过,历史可能是一碗极为复杂的意大利面,有几千根不同的面条可以选择。即使我们现在没有明确的意图,我们也需要从关于过去事件的各种描述中做出选择,因为没有一种叙述能够将可能影响解读的所有人物、行动、细节和外部因素结合在一起。误导者可以仅仅谈论他们发现的一根面条,从而在很大程度上歪曲历史。

关于过去几千年,我们唯一可以确定的事情是,女性的数量和男性差不多。你无法从历史书中知道这一点。除了圣女贞德(Joan of Arc)、安妮·博林(Anne Boleyn)、伊丽莎白一世(Elizabeth I)、弗洛伦斯·南丁格尔(Florence Nightingale)、玛丽·居里(Marie Curie)和其他少数很少被人记住的名字,传统历史记录的都是男性。历史学家并不是故意将女性排除在他们的叙述之外(尽管一些人可能会这样做)——他们只是觉得女性不像统治国家、指挥军队和领导叛乱的男性那样重要。大多数普通人也是如此:历史书很少讲述他们的故事,尽管他们的信件、日记和记录保存了下来。你可能会注意到,本章经常提到战争。同所有和平岁月相比,战争可以获得历史学家更多的关注。

当你叙述你非常了解的地点或组织的历史时,你也常常不得不漏掉这段历史的大多数元素。你没有时间描述所有的会面、交易、报告、成就、失败、混乱和建议——即使你还记得所有这些事情。所以，你会很自然地进行选择。通过选择，你改变了历史。

而当你加入当前意图时，你可以将过去塑造成几乎任何形式。

宣扬屈辱

考虑美国、英国和中国对于三次重大国家级失败的不同视角。这三次失败分别是西贡的陷落、敦刻尔克大撤退和"百年国耻"。

1975年4月30日，当北越军队进入南越首都西贡时，美国驻南越大使乘坐直升机逃离了大使馆。在西贡陷落以前，越南已经令美国非常尴尬了。前所未有的战争报道和生动的照片（包括僧人自焚、处决、美莱村大屠杀和被凝固汽油烧伤的孩子）使许多美国人对战争的道德基础产生了疑问。一些人将美国士兵称为"婴儿杀手"，另一些人对于美国军队无法战胜明显不如自己的对手感到绝望。

《纽约时报》称，1971年发布的"五角大楼文件"透露了对柬埔寨和老挝的秘密轰炸，说明约翰逊政府在这场导致近6万美国人丧生的战争中曾"系统性地对公众和国会撒谎"。脱口秀主持人迪克·卡维特（Dick Cavett）称这场战争是"丑陋的、震惊世界的政治无能和误算的犯罪案例"。

所以，许多美国人也许更愿意忘记美国最终从西贡的撤退。不过，作为军事行动，这是一次引人瞩目的成就：直升机小组夜以继日地勤奋工作，在胜利的北越军队到来之前从西贡撤出了

1 373名美国人、5 595名越南人和其他国家的公民。一个士气低落的国家本可以为许多超越本职工作的英雄事迹感到骄傲。不过，羞耻感却成了绝大多数美国人的反应。

大使馆撤退行动中的詹姆斯·基恩少校（Major James Kean）说："我在哭，我想其他每个人都在哭。我们为许多事情而哭泣。最重要的是，我们感到耻辱，美国怎么会陷入夹着尾巴逃跑的境地呢？"

他们不应该感到吃惊：两年多以前，当美国从越南撤军并让南越独自战斗时，理查德·尼克松总统及其国家安全顾问亨利·基辛格（Henry Kissinger）就知道，他们的盟友无法生存下去。据说，在与中国的谈判中，基辛格希望在美国撤军和南越倒台之间设置一个"得体的间隔"。当舆论强烈反对战争、国会否决对南越进行更多军事援助时，政府大概也没有别的选择了。不过，许多人现在仍然认为，美国撤出军队国防专员和大使馆人员不仅是一种失败，而且存在令人痛苦的背叛行为。

这种描绘为美国和世界带来了可怕的影响。一些人认为，越南撤军对美国的外交政策产生了永久性的影响。《卫报》前国际编辑马丁·伍拉科特（Martin Woollacott）写道：

> 美国既害怕在军事上重新证明自己会产生不良后果，又不得不这么做，这影响了美国此后在世界上所做的一切。美国担心遇到另一个越南，陷入另一个泥潭，遭受另一次惨败。不

过，它不得不经常寻找其他与越南类似的地区，占领这些地区并且干净彻底地取胜。美国一次又一次地寻求这种补偿性胜利，比如最近在阿富汗和伊拉克的胜利。越南像哈姆雷特的鬼魂一样，久久萦绕在美国人心头。

英国人对于敦刻尔克的记忆是多么不同啊！

第二次世界大战爆发以后，英国远征军被派往法国，以帮助法国和比利时军队抵抗德军进攻。在这个目的上，他们完全失败了。在耻辱性地败给德军之后，1940年5月27日至6月4日，超过30万英法军队从法国北部的敦刻尔克海港和海滩被救出。数千人被俘或牺牲。大量物资、武器、车辆和弹药被第三帝国接收。在接下来的4年里，希特勒几乎完全控制了法国。

敦刻尔克撤退之前几周，战斗极为惨烈。尽管比利时军队的投降使英军东侧灾难性地暴露在了敌人面前，但是许多英国部队还是极其勇敢地守住了无法防守的阵地。不过，最终结果是无法否认的：英军和法军在机动和火力上失败了。正如德国杂志《鹰》所说：

> 对我们德国人来说，"敦刻尔克"一词将永远表示史上最佳大型歼灭战的胜利。不过，对于当时那里的英国人和法国人来说，这个词语将会使他们终生记住一场过去任何军队都没有遭受过的沉重失败。

事实并非如此。如果你向英国人询问敦刻尔克代表什么，大多数人都会谈到由渔船、游船和私人游艇组成的开往法国海岸的小型船队以及它们所救出的数千名勇敢士兵。虽然皇家海军的舰艇是撤退的主力，但人们印象最深的还是那些"小船"。这些船只的操纵人员很少，有的只有一个船长；许多船只只有 10 ~ 15 米长。一些船只顶着德国的轰炸，将士兵从敦刻尔克海滩摆渡到等在近海的大型海军舰艇上；另一些船只满载着士兵，在德国空军的反复攻击下驶回英国，然后再次返回，以救援更多的人。他们的勇敢行动使英国军队避免了被歼灭的命运，温斯顿·丘吉尔称之为"奇迹般的拯救"。有了这支遭受重创但仍然比较完整的军队来抵抗敌人的入侵，丘吉尔可以忽视任何投降的暗示。

所以，敦刻尔克大撤退的确是一项巨大的成就。不过，它完全有可能被国家和历史看作一场极具灾难性的军事冒险的积极结尾。然而，"关于英国军队撤退的报道极为成功，在整个英国掀起了一波欢乐的浪潮"，桑德赫斯特皇家军事学院战争研究系主任邓肯·安德森博士（Dr Duncan Anderson）写道。他还表示，

丘吉尔因似乎弥漫整个英国的不现实的氛围而日益担忧，他在 6 月 4 日的下议院演讲中清晰表明了英国所面临的极为绝望的形势。他提醒国人，撤退无法赢得战争胜利，"发生在法国和比利时的事情是一场巨大的军事灾难"。不过，英国人并不相信他，他们更喜欢对于现实的想象。他们不愿意相信任何

想打破这种信念的人,包括丘吉尔本人。

"敦刻尔克精神"一词已经进入了英语,表示面对逆境时巨大的勇气、团结和决心。在英国,敦刻尔克被视作一种胜利,尽管英国军队在法国战役中完全失败了。英国选择纪念一个可能被其他国家遗忘的事件。它通过这种方式影响了英国文化。这显然对于英国在战争中的胜利起到了帮助作用。

美国人带着羞耻回顾西贡,英国人带着自豪回顾敦刻尔克,中国人则群情激愤地回顾百年国耻。

事情始于第一次鸦片战争。1840年,英国将一支远征军派往中国,以保护鸦片贸易。此前,中国没收了大量鸦片,并且禁止了英国商人的行动。由于拥有先进的武器和海军技术,英国炮舰和军队轻松击败了数量多于自己的中国军队。中国被迫在1842年签订了《南京条约》——该条约被称为首个"不平等条约",因为所有义务都在中国这边。中国需要赔款,开放通商口岸,将香港岛割让给英国。

第二次鸦片战争更加糟糕。这一次,更不占理的英法联军入侵中国。战争以北京京郊的皇家园林圆明园的报复性毁灭而告终。这座宏伟的建筑群里曾经到处都是精美的宝物,现在,圆明园只剩下了废墟,许多珍宝被英国和法国收藏。

在中国进行第二次鸦片战争时,俄罗斯利用中国的困境发出了侵略威胁。中国被迫签订了《瑷珲条约》,将一大片领土割让给俄罗斯。同时，太平天国起义将中国一分为二，导致大约2 000万人丧生。

这之后又发生了其他一些战争和侵略，直到日本对中国的灾难性占领。第一次中日战争是针对朝鲜展开的，朝鲜之前是中国的属国。日本取得了决定性胜利，随后占领了朝鲜和台湾。在接下来的岁月里，日本对中国东北的控制逐渐加强，最终在1931年入侵中国东北。第二次中日战争始于1937年，日本军队占领了北京、上海和南京。中国国民革命军在日本军队入侵上海后与之进行了几个月的浴血奋战，随后被迫撤退。这场史诗般的战役导致20多万中国人丧生。几周后，日军在南京屠杀了大约5万到30万平民。

对于中国来说，这的确是极度悲惨的一百年。你可能觉得这个正在崛起的自豪的国家会淡化其历史中最糟糕的部分。事实恰恰相反。中国政府将这段历史的每个细节深深地印在了国民的意识中。一项"爱国教育"计划将一车车的中国人运送到圆明园废墟前，让他们看到英法暴行的证据。侵华日军南京大屠杀遇难同胞纪念馆是这座历史都城访问人数最多的地点。

我们就是我们的历史

个人、组织或者国家的身份从何而来？也许是文化，或者性格、价值观和能力。不过，所有这些取决于我们的历史。我们根据对个人历史和集体历史的理解将自己看作善良、有能力、有决心的人。以色列、意大利和德国等国家是根据选择性回忆塑造而成的,而他们回忆的事情是在当代人出生之前发生的。历史小说家希拉里·曼特尔(Hilary Mantel)评论道:"我们从过去寻找我们的部落和民族的起源传说,将它们建立在光荣或痛苦的基础上。我们很少将其建立在冰冷的事实基础上。"

历史塑造了我们的身份。个人、组织和国家根据他们所接受的身份开展行动。"我们是由历史塑造的。"马丁·路德·金说。所以,在乔治·奥威尔的《1984》中,大洋国的官员为改写历史付出了很大的努力。我们的所有行为至少部分来自我们对于过去的理解。

过去可以被无限改写。

如何应用于现实

根据相关历史事件和成就塑造组织的当前身份

重述过去的成功行动和事件,以鼓励其他人现在的行动。

当心……

通过忽略相关重要历史使自己免于尴尬或者削弱对手的误导者。

用高度选择性的历史叙述推动暴力、歧视和种族冲突的误导者。

第三章　背景

> 对于黄疸病人来说，蜂蜜似乎是苦的。对于被疯狗咬过的人来说，水是恐怖的。
>
> ——马可·奥勒留（Marcus Aurelius），《沉思录》

事情有多糟糕

想象你被脱得只剩内衣，并且掉进湖里。你不知道你到底在哪里。当你疲惫地爬上岸时，你看不到人类居住或耕种的迹象。你似乎身处渺无人烟的地方。

害怕吗？

如果你是电影《地心引力》的宇航员英雄，被困在太空，即将因碰撞、燃烧和窒息而死去，但你却奇迹般地返回了地球，情况就不同了。当桑德拉·布洛克（Sandra Bullock）躺在陌生的海岸上，两手抓着潮湿的沙土时，我们感到很高兴，认为她所有的麻烦都结束了。这充分体现了电影制作者的叙事技巧。桑德拉正在呼吸新鲜的空气！她回到了坚固的地面上！

不过，同样的场景可能是令人不寒而栗的生存冒险的开始。一个没有食物、地图、鞋子、火柴、电话和野外生存知识的人需要努力回到文明世界，她的前景令人担忧。不过，由于我们知道她不久前的情况有多糟糕，而且认为美国宇航局的救援队即将到来，因此我们觉得这个场景是一个圆满的结局。

⁂

背景会极大地影响我们对现实的印象。在我合作过的公司中，一些公司对于几百万美元的年亏损感到十分庆幸，因为他们之前的情况要糟糕得多。来自孩子的普通礼物比来自富有成人的同样礼物要珍贵得多。当你在炎热的天气里进行了整整一天的体力劳动时，一杯凉啤酒的味道会变得不同。在2017年的英国普选中，工党在国会中的席位比执政的保守党少了56个，但工党领导人杰里米·科尔宾（Jeremy Corbyn）却宣布该党"赢得"了选举，因为人人都认为保守党的特蕾莎·梅（Theresa May）本应表现得更好。背景可以改变意义。

这类背景是我们试图理解的世界复杂性的一部分。你会说，我们应该知道我们所评估的任何行动和事件的背景，但你很难说出哪个背景是相关或合适的。在不同背景下，同一个故事会给人完全不同的印象。确定需要强调和需要淡化的背景是影响现实的一个重要环节。

物非物

心理学家保罗·罗辛（Paul Rozin）设计出测试人类厌恶反应的有趣实验，这让他在学术圈获得了一定的名声。在实验中，他向被试者展示了一个刚刚打开包装的崭新的便盆。他会反复说明，这个便盆从未被人使用过，他的被试者也完全相信这一点。接着，他把苹果汁倒进便盆，邀请他们饮用。

大多数人拒绝了邀请。

这不是根植于基因中的内在反感。我们的祖先会心甘情愿地用这个形状方便、从未用过的器皿来饮水。不过，我们已经将这个物体与尿液强烈地联系在了一起，因此我们无法用它来饮水。罗辛的被试者对于这个想法感到恶心，"尽管他们知道它是崭新的，没有尿液，没有受到污染"。

物体并不仅仅是物体——它拥有背景，这影响了我们对它的看法。

如果罗辛的某个被试者被困沙漠，没有水源，然后看到一个装满苹果汁的便盆，他会毫不犹豫地将其喝下去。背景不同，他的行为也就不同了。

我们对于许多物品的反应主要取决于背景，而不是物品本身。想象你拥有一块名牌手表。如果你们单位的其他5个人戴着同样的手表，你会如何看待它？如果你发现它的制造公司以逃税著称呢？如果你在一则新闻中看到你所厌恶的名人戴着同样的手表呢？物品本身并没有改变，但它受到了背景的影响。同样的道理，如果一只古老的银叉曾被希特勒使用过，它对收藏者的吸引力可能会变大或变小。

一只名叫亨弗瑞（Humphrey）的黑白相间的猫咪曾经生活在

伦敦唐宁街 10 号。它曾在不同时期与三位首相共处，包括保守党的玛格丽特·撒切尔和工党的托尼·布莱尔。在一项很能说明问题的实验中，实验者向英国选民出示了亨弗瑞的照片，并且询问他们是否喜欢这只猫。当亨弗瑞被称为"撒切尔的猫"时，它在保守党选民中获得了 44% 的支持率，在工党选民中只获得了 21% 的支持率。当它被称为"布莱尔的猫"时，它在保守党选民中获得了 27% 的支持率，在工党选民中获得了 37% 的支持率。猫是一样的猫，但是背景不同了。

如果对于一个物品（或者一只猫）的物理描述是一个真相，那么这个物体各种可能的背景就是可能使我们产生不同反应的竞争性真相。要最为清晰地理解这一点，你也许应该考察一个在很大程度上根据背景确定价格的行业：艺术品行业。

超越马蒂斯

在二战刚刚结束的岁月里，欧洲处于混乱之中。城市变成了废墟，数百万人背井离乡，国界被重新划定，苏联控制了东部的大部分区域。这是极为艰苦和悲惨的时代，但它也是充满机遇的时代。

1947 年 2 月，一个自称匈牙利没落贵族的人住进了哥本哈根的一家酒店。他的故事很悲惨：他那些出身高贵的家人被纳粹党屠杀，他们的大量土地和财产被苏联人没收。作为同性恋犹太人，他本人在战争中的大部分时间里生活在德国集中营。他在盖世太保审讯期间折断了一条腿。他用缝进外套里的一些钻石贿赂边境守卫士兵，这才逃出了苏维埃控制的东部阵营。他在这个世界上只剩下了 5 幅毕加索的油画——这是他的贵族家庭曾经拥有的巨额财富的最后残余。

在绝望中，他不得不将其卖掉。

一名当地交易商立即产生了兴趣。这些油画似乎来自毕加索的古典阶段，现在应该价值不菲。这个优雅而孤独的难民讲述的故事是合情合理的：在纳粹洗劫和轰炸的威胁下，许多宝贵的艺术品被匆匆包装起来，并被转移到欧洲各地。当这些作品开始从瓦砾中现身时，精明的收藏者可以捡到真正的宝贝。这是一个应该抓住的机会。

交易商邀请专家检查了这些油画。很快，它们被判定为真迹。最终，斯德哥尔摩一家美术馆同意以 6 000 美元购买这些油画。难民获得了一张支票。收款人一栏中是他给出的名字：埃尔米尔·德·霍利（Elmyr de Hory）。

这家瑞典美术馆以及接下来几十年的其他许多艺术品买家不太走运，因为这个自称德·霍利的人是一个伪造大师。这些油画不是毕加索的作品，而是德·霍利本人在几个小时之内创作出来的。在幸运地卖掉第一批"毕加索作品"一年以后，此时他还是一个伪造新手，一个朋友将他的一幅油画误认为名家作品，提出了购买请求。于是，故事就这样展开了，尽管关于德·霍利及其传记作者克利福德·欧文（Clifford Irving）的一切目前仍然存在争议。欧文是另一位伟大的编造者，最有名的事迹是为古怪的亿万富翁霍华德·休斯（Howard Hughes）伪造了一部自传。

我们现在相信，德·霍利出生于布达佩斯一个中产阶级家庭，本名叫作埃尔默·阿尔伯特·霍夫曼（Elemér Albert Hoffmann），小时候非常普通，但却逐渐形成了出色的艺术能力。后来，他伪造了几百幅艺术作品，上面带有马蒂斯、毕加索、莫迪里阿尼、莫奈和德加等人的签名。在将近30年的犯罪生涯中，他和同伙从美术馆和私人艺术收藏者那里骗取了数百万美元。他在美国生活了10多年，自称德·霍利男爵，以便为他的没落贵族故事增添光彩。他声称：“当我向博物馆提供油画或铅笔画时，他们从未拒绝过我。”在被美国交易商怀疑并被联邦调查局追踪很久以后，他仍然在西班牙伊比萨岛伪造艺术品。在那里，他的魅力、天赋和名声使他获得了一座舒适的别墅以及玛琳·黛德丽（Marlene Dietrich）和乌苏拉·安德鲁丝（Ursula Andress）等名人的陪伴。

德·霍利没有复制当代艺术作品。他的策略是创造可能出自著名艺术家手笔的新作品。他总是小心地使用古老的帆布、画框和纸张，有时还会购买古老的油画，以便利用它的画布，或者从古书上撕下空白页面，用于伪造素描。他对现代主义大师模仿得惟妙惟肖，专家们很少能够分辨出二者的区别。当时在世的艺术家基斯·凡·东根（Kees van Dongen）相信，由德·霍利伪造的一幅作品是他本人创作的。一位纽约美术馆所有人宣布：“在艺术上，德·霍利比马蒂斯更像马蒂斯。"实际上，人们普遍相信，德·霍利的许多作品目前仍然在世界各地的美术馆展出，而且被误认为出自更加著名的艺术家的手笔。

德·霍利曾说过："如果我的作品在博物馆悬挂足够长的时间，它就会变成真品。"

⁘

这种说法值得商榷，但毕加索真品和德·霍利伪作的物理差异的确微乎其微。不过，前者可以卖上数百万美元，后者的价值则小得多。正如德·霍利本人所说，当大多数专家无法分辨二者的区别时，为什么他的伪作一定比不上他所模仿的艺术家的素描和油画呢？在发现真相之前，艺术鉴赏家像对待马蒂斯的真品一样对待他所伪造的马蒂斯作品。那么，大师油画的真正价值到底是什么呢？

换一种说法，想象你得到了与毕加索《阿尔及尔的女人》（O版[1]）在原子层面上完全相同的复制品。原作2015年在拍卖会上卖出了1.793亿美元。你手里的油画不是原作，而且你永远无法用它冒充原作，但它在物理上与原作是完全相同的。你愿意为它支付多少钱？

---

1 西班牙画家毕加索创作的系列油画，总共创作了15幅名为《阿尔及尔的女人》的油画，并从 A 到 O 分别为它们进行编号，O 版是该系列的最后一幅。——编者注

可能不会太多。如果你手头宽裕，而且非常喜欢这幅画，你可能会出几千美元。你的出价一定不会超过 30 万美元。这意味着原作的巨大价值不在于它的物理实体本身，而是在于它的背景——它的来源、故事、品牌、稀缺性、独特性。它的帆布和颜料最多值几千美元，它的背景价值则超过了 1.79 亿美元。

这并不像听上去那么疯狂。同仿作相比，被我们视作著名艺术家真迹的艺术品可以给我们带来更多快乐。得益于神经科学最近的发展，研究人员可以监测与"享乐价值"有关的大脑区域的活动。一个团队要求被试者在功能性磁共振成像扫描仪中为一系列抽象画评分。研究人员告诉他们，半数画作来自颇具声望的美术馆，另一半画作则是由研究人员用计算机生成的。

被试者对"美术馆"画作的平均主观评分高于"计算机"画作，这一结果并不令人吃惊，尽管这两个标签是随机分配的。在进行美学判断时，人们很难抵挡如此强烈的背景标签的影响。不过，真正令人大开眼界的是功能性磁共振成像数据。当被试者观看"美术馆"画作时，与享乐价值有关的大脑区域表现出了更强的活动：同他们眼中来自研究人员的画作相比，被他们视作艺术家真品的画作给他们带来了更大的快乐。

所以，虽然《阿尔及尔的女人》（O 版）虚高的价格来自许多因素，包括买家预期的转手价格，但是被我们视作毕加索真品的画作给我们带来的额外快乐一定起到了一些作用。所以，美术馆为那些被参观者认可的艺术家的作品支付更高的价格不是没有道理的。这些名人背景可以为帆布和颜料添加可以测量的享乐价值。

德·霍利这样的伪造者已经提出了"艺术品的价值在哪里"这一问题。添加制造技术——即众所周知的三维打印——的发展可能会将这个问题频繁提上桌面。如果我们可以打印出《米洛斯的维纳斯》或者梵高《星夜》的完美复制品,我们对艺术价值的理解会发生怎样的变化?当背景改变时,人们目前在国家博物馆排队观看的油画和雕塑的完美复制品会像贴在学生宿舍里的艺术海报一样失去价值吗?

至于埃尔米尔·德·霍利,他关于优质复制品是否缺乏价值的质疑在某种程度上得到了证实。他模仿毕加索、莫迪里阿尼和莫奈的作品目前可以凭借真实身份卖上几千美元。具有讽刺意义的是,艺术市场的各个角落出现了伪造德·霍利的作品。德·霍利的名字已经成了足够有名的背景,这使它获得了伪造的价值。艺术收藏者现在会问:"是的,但它真的是德·霍利的作品吗?"

遗憾的是,德·霍利没有活着看到他的作品被人模仿。他在1976年被指控欺诈。面对被引渡至法国的命运,他服用了过量的巴比妥酸盐,死在了伊比萨。

至少,我们是这样认为的。

从莫奈到荤菜

尽管艺术品具有享乐价值,但是对于许多人来说,它只是一个小众领域。更加紧迫的问题是如何填饱肚子。不过，在这个问题上，背景仍然扮演着重要角色。

我们目前的肉类消费是不可持续的。虽然农场肉类美味而营养，但它对我们的环境和动物本身来说成本很高。我们收获的大约 1/3 粮食和世界上 8% 的淡水供应是由农场动物消费的，它们排放的温室气体占人类总排放量的 15%。亚马孙的大片雨林被清除，以便为牧牛场提供空间。现代"集约化动物饲养经营"将动物限制在没有窗户的建筑或者拥挤的区域之中，而且连续几周不提供蔬菜。一些人认为，这是动物的集中营。这种经营模式诞生于美国，现在已经扩展到了全世界，为无数有知觉的哺乳动物带来了极为悲惨的生活。这些"巨型农场"排放的大量尿液和粪便会污染地下水，导致危险的水华[1]。随着数百万亚洲人跻身中产阶级行列，肉类需求可能会急剧增长，加剧我们对环境和动物福利的影响。

这就是我们今天享用的美味牛排和汉堡包的背景。

我们许多人在买菜、烹饪和进食时几乎不会考虑到这个背景。我们关注肉类质量、营养价值和价格等更加直接的真相，忽视了——或者故意忽视了——动物受苦和环境恶化的竞争性真相。在这件事上，我和其他喜爱肉食的人具有同样的罪恶。我们每天接受的信息鼓励我们忽视购买行为中不太令人感兴趣的竞争性真

1　指淡水水体中藻类大量繁殖的一种自然生态现象，是水体富营养化的一种特征。——编者注

相。我们周围的大多数信息涉及某种肉类产品的肉质或者这些肉对于动脉的风险。我们偶尔会经历食物恐慌，但是面对令人垂涎的菜单和难以抗拒的价格等新信息的连续冲击，我们很快就会放松警惕。环境和动物福利的背景几乎完全被隐藏在了我们的视线之外。

对于所有关心地球健康和几十亿动物生存状态的人来说，最紧迫的任务是让更多的人了解肉类更广阔的背景。

不过，这个背景某一天可能会发生很大的变化。科学家和企业家已经开始生产肉类了。

2013年，由马斯特里赫特大学马克·波斯特（Mark Post）教授领导的研究团队用来自牛肉干细胞小型样本的牛肉制作了一块肉饼。干细胞是生成特化细胞的天然模板。这个荷兰团队利用干细胞生成了肌肉纤维和脂肪。这是世界上第一个用并非从动物身上割下来的肉制作的肉饼，它需要用甜菜汁染色，制作成本约为30万美元。不过，这是一项不同寻常的成就，可能标志着一个全新食品行业的出现。

一些支持者将这种培养肉称为"净肉"，它的卡路里输入是正常肉类的大约一半，所需水分和土地只占正常肉类的一小部分，它所产生的温室气体和废物则少得多。这种肉吃起来更加安全，因为它是在无菌环境下生长的，没有抗生素、细菌和粪便污染的风险。

一些初创公司已经开始尝试降低培养肉的经济成本了。加利福尼亚州孟菲斯肉类公司正在开发培养肉丸。在揭晓其首款产品时,公司总裁乌玛·瓦勒蒂(Uma Valeti)宣布:"这是历史上第一款无须宰牛即可制作的牛肉丸。"以色列初创公司苏珀米特正在开发生产鸡肉的机器。该公司称,这些机器可以在餐厅、超市甚至家里使用。

几年或者几十年以后,培养肉的生产成本将足以与农场肉相抗衡。我们还不知道它的味道是否同样可口。不过,让我们想象一下,未来某一天,你会面对一个成本和味道与正常汉堡相同的培养肉汉堡。换句话说,汉堡本身是相同的,但它具有完全不同的背景。你会吃吗?

你可能会坚定地回答"是"。如果你喜爱肉类,但是由于伦理背景放弃了肉类,那么培养肉可能是你的梦想。或者,你可能对于工厂生产的肉类感到害怕,不敢接触这种食物。或者,你的反应可能取决于这种新背景的讲述方式、你所看到的其他人的表现以及媒体对培养肉的描绘。对于培养肉的倡导者来说——任何关心动物福利和环境的人都应该归入这个阵营——以正确方式传达这个新背景是非常重要的。地球的未来可能取决于此。

在讨论培养肉时,我首先谈到了肉类生产扩张对于环境的威胁。另一个作家可能会首先谈论神学。他可能会问,我们怎么能在生物学上扮演上帝的角色呢?他可能会指出插手上帝事务的道德和精神危险。另一个作家可能会首先讨论自然的理想性:我们当然都认为天然食物优于人工食物,不是吗?他可能会提到食杂店里已经存在的食品技术问题,比如奥利斯特拉油、硝酸盐和氢化脂肪。

我们三个作家为随后关于培养肉的讨论设置了三个不同的背景或"框架"。通过强调某个背景,忽视其他背景,我们在听众开始思考相关问题之前有效地改变了他们的思维模式。如果一个随机选择的群体被要求评估培养肉的价值,他们可能会根据他们之前接触到的背景得出不同的结论。同关注环境和动物福利优势的群体相比,受到上述两位作家影响的群体食用或宣传培养肉的可能性要小得多。

> 背景策略 #1
> 设置框架

这种框架效应可能具有许多形式,其中设置有利于个人意图的背景是一种极为强大的沟通策略。有天赋的演讲者有时可以通过设置背景提前决定人们对于一个问题的反应,从而赢得辩论。想培养孩子慷慨性格的父母有时会和孩子谈论没有任何玩具或者吃不饱的可怜孩子,以便让他们捐出零花钱。主张提高福利津贴的政客可能会首先描述某个群体的糟糕处境。公司领导者在宣布裁员或冻结薪资之前会描述公司面临的激烈竞争或价格压力。

设置合适的背景可以为某种观点创造出令人信服的框架,这个框架可以影响人们对于框架内信息的处理方式。

不过，框架也可能阻碍人们达成一致。如果双方用完全不同的框架考虑一个复杂问题，那么他们不太可能找到共同的基础。巴以冲突就是一个悲剧案例：许多以色列犹太人认为这块神圣土地是上帝许诺给他们的，或者认为他们在敌对环境中取得了来之不易的安全。巴勒斯坦人考虑的则是他们被迫离开家园和土地时受到的不公正对待。双方拥有各自的背景，即属于自己的竞争性真相，这种框架错位使他们几乎不可能达成妥协。有时，我们甚至很难听到与我们当前框架不符的信息。

我们可能并没有意识到影响我们思想和行为的框架。它们是我们思维模式的一部分，是通过多年的信息输入和生活经历形成的。一些人将其称为世界观。我来自西方杂食社会，因此我在上一节谈论牛肉是很自然的。如果我生长在印度教或素食环境中，我可能会选择另一个例子。如果本书中的一些思想和故事使你感到刺耳，这可能是因为我们具有不同的世界观。

当我们的背景发生改变时，我们甚至会下意识地对自己使用不同框架。当你在学校橄榄球比赛中和场边的一个人攀谈时，即使他是顶级外科医生或电视主持人，他可能也会说："你好，我是丹尼的父亲。"当背景改变时，人们的自我形象也会发生改变。

框架可以帮助我们解读事件，也可以被人用于操纵和劝说我们。如果我们不喜欢辩论或交流的展开方式，我们可以为自己和其他参与者重构这种交流，从而改变交流过程。我们可以引入不同背景——我们可以使用不同真相——以改变谈判或争论的方向。

重构，意即改变背景，是解决冲突、创新和改变管理的重要技能。

全是男士

2014年夏，一张流传在社交媒体上的照片迅速引发了许多人的嘲讽和抗议。乍一看，这张照片很普通。它展示了会议上的一排演讲者，这不是通常会使推特精英们感到愤怒的那种画面。不过，一些细节的组合使它引发了轰动。演讲小组上方的横幅上写着"2014全球女性峰会"，但是所有小组成员都是男性。

"一张照片胜过千言万语。"最初将照片发布到推特上的会议参与者写道。不过，许多愤怒的男性和女性转发者还是愿意添加属于自己的大量文字。"这是笑话吗？这一定是笑话。""因为男性更有学问。真是可笑。"这些回复还算比较客气。所有小组成员都是身穿深色西装的老年白人男性，但是没有人关注这一点。"我不知道应该笑还是哭。"女权主义小说家凯西·莱特（Kathy Lette）写道。

我记得，当我看到这张照片时，我在短时间里同样产生了轻蔑和惊愕的感觉。不过，这种第一印象迅速消失了，因为我认出了照片中的一个人。他叫迈克尔·兰德尔（Michel Landel），是法国索迪斯合同服务和设施管理公司的总裁，我曾在几个星期前就一项重大改革计划与他合作。他坦率地认为，我们的沟通应该强调多样性的重要性和价值。我知道，他真诚地信奉性别平等。他的执行委员会有13名成员，其中6人为女性。我决不相信迈克尔·兰德尔会参与某种由男性主导的男权活动。

所以，我考察了会议背景。

全球女性峰会由全球女性组织举办，该组织"被视作在极大地扩展全球女性经济机遇这一共同目标之下将公立、私立和非营利部门联系在一起的纽带"。你可能会想到，它是由女性管理的，其峰会是完全由女性组成的规划委员会组织的，大多数演讲者和参与者都是女性，唯一的性别问题是男性的缺失。下面是2013年12月18日全球女性内部通讯的第一项内容，当时距离那张"罪恶"照片的拍摄还有6个月：

I. 2014全球女性峰会上男性总裁的声音

作为性别关系"持续教育"的一部分，泰姬集团法国总裁吉安马尔科·蒙塞拉托（Gianmarco Monsellato）请求在女性活动中吸收更多男性。作为回应，2014全球女性峰会邀请以法国人为主的一些男性总裁参加6月5日至7日的巴黎会议。来自70多个国家的1 000名女性将出席此次会议。

设立这个男性小组的目的是倾听支持女性进步的商界男性的声音。这个将志同道合的男性引入性别平等对话的明智而包容的举动应该受到欢迎。

背景策略 #2
忽略相关背景

对于全球女性峰会上完全由男性组成的讨论小组产生愤怒和轻蔑反应的大多数人都是不了解背景的误传者。他们本应在评论之前对于事实进行核查，但他们并没有歪曲真相。遗憾的是，为了误导听众，许多职业沟通者会故意操纵或忽略背景。

政客喜欢对于反对者的文字断章取义，以曲解反对者的立场，更好地反驳对方。这有时被称为"稻草人辩论术"：政客首先树立稻草人——对于对方观点的故意曲解——然后将其击倒。例如，英国工党政客可以选择性地引用保守党卫生部部长关于医疗设施管理外包的谈话，以暗示他支持国民医疗服务系统私有化——在英国，这是一项应当被绞死的罪行。或者，德国选择党政客可以对德国总理的话语断章取义，暗示她希望允许所有外国移民进入德国，而不是仅仅对绝望的难民敞开大门。

一个与此相关的技巧是对某个权威人物的话语断章取义，以支持某个论点。诉诸权威是孩子最早学会的修辞手法之一。"但是妈妈说，我可以在洗澡以后看电视。"小男孩真诚地对困惑的保姆说。当然，他漏掉了一个重要背景，即这项特权只适用于星期六。商业咨询师也会采取类似的做法，他们会向潜在客户讲述最新的神经科学研究成果，暗示这些成果支持他们的领导力开发项目。他们忽略的事实是，这些研究只适用于囚犯、幼儿或者老鼠。

当特德·克鲁兹（Ted Cruz）竞选共和党总统候选人时，他批准了一则电视广告，其中包含唐纳德·特朗普的一段讲话："计划生育协会发挥了很好的作用。"计划生育协会是美国一家非营利组织，提供各种生育服务，包括性传播感染测试和节育。它执行了美国大约一半的堕胎手术，这是它最有名的地方。对于许多保守选民来说，堕胎是可恶的行为，因此克鲁兹的广告使特朗普损失了许多选票。不过，克鲁兹团队在几个层面上有意误导了观众。首先，特朗普2015年接受福克斯新闻采访时的原话是这样的：

> 我接触过许多共和党保守女性，她们说："在这件事（堕胎）以外，计划生育协会发挥了很好的作用。"

克鲁兹团队截取了特朗普的一句话，完全改变了他的意思。这和只保留"我接触过许多共和党保守女性"具有同样的误导性——后者至少比较有趣。

克鲁兹的广告具有双重误导性，它不仅忽略了特朗普这句话的直接背景，而且省略了采访的整体背景。在说出克鲁兹团队截取的这句话之前，特朗普在福克斯新闻的采访中详细阐述了他反对堕胎的立场：

> 从某种程度上说，美国有两个计划生育协会。你可以把它看作堕胎诊所——目前，这是他们所做工作的一个很小的部分，但这很残忍，我坚决反对（……）我完全反对计划生育协会的堕胎工作，但我接触过许多女性……我接触过许多共和党保守女性……

不管我们如何看待特朗普及其对真相的可怕操纵，在这个例子中，他无疑受到了克鲁兹团队的有意曲解。

大局观

我们喜欢如今的碎片化信息。长篇报道已经让位于新闻滚动条和推特消息。过去，政客的演讲可以得到全文报道。现在，晚间新闻对其进行10秒钟的报道已经是他的幸运了。我们太过繁忙，无法消化长篇文章或者倾听关于政策或国际事件的详细解释。如果工作备忘录需要很长的阅读时间，它们会被直接删除。我们甚至没有时间了解可用信息的一小部分。

于是，我们不可避免地失去了背景。我们在不了解实情的情况下对于事件、评论、声明和传闻做出回应。世界的加速和关注范围的缩小使我们在不完全了解的局面中做出危险的快速行动。为避免不公正地批评别人，或者被政客和评论家误导和欺骗，通过不明智的选择伤害自己，我们需要确保自己了解最贴切的背景。

如何应用于现实

总是应该检查背景！

将最有用的背景作为框架，以支撑你的论点。

通过改变背景改变对于事物、人和问题的态度。

当心……

在不理解完整背景的情况下分享劲爆新闻的误传者。

故意略去重要背景，尤其是引用他人话语的误导者。

第四章　数字

> 只要拷问数字，它们就会承认任何罪名。
> ——格雷格·伊斯特布鲁克（Gregg Easterbrook）

不祥的统计量

左撇子常常遇到麻烦。土豆削皮器和剪子是为右撇子设计的。拳击课程会被"南爪子"[1]搞乱。在支票簿或活页簿上写字会成为一项艰难的任务。在拥挤的餐桌上用左手喝汤很容易引发事故。就连不起眼的裤子拉链也对右撇子有利。

不过，当两位著名心理学家1991年发布的研究报告指出左撇子比右撇子平均早死9年时，左撇子似乎遭受了更大的打击。

加利福尼亚州立大学圣布纳迪诺分校的黛安·F. 哈尔彭博士（Dr Diane F. Halpern）和不列颠哥伦比亚大学的斯坦利·科伦博士（Dr Stanley Coren）研究了1 000名加州人的死亡时间，发现右撇子的平均死亡年龄是75岁，左撇子的平均死亡年龄是66岁。在《左撇子：生存适应性下降的标志》一文中，他们声称："左利手的一些较大风险显然来自提升他们事故发生率的环境因素。"作者的逻

1　指的是拳击手的站位姿势。一般来说，拳击手让自己较弱的一侧突前，有利于较强的另一侧用勾拳打击对方。右撇子的拳击运动员通常采取左脚左手在前的传统站位，左撇子拳击手则相反，采用右脚右手在前的站位，人们把这种姿势称为南爪子（southpaw）。——编者注

辑是，工具和车辆是为右撇子设计的，所以左撇子容易发生汽车或电锯事故。《纽约时报》沮丧地指出："在20多岁的人群中，左撇子的比例是13%，但在80多岁的人群中，左撇子只占1%。"看起来，左撇子和吸烟对于健康具有同等危害。

左撇子注定早死的观念迅速传播开来。到了2013年，英国广播公司认为他们有必要重新考虑这个问题："左撇子真的会早死吗？"

答案是否定的。这完全是胡说八道。科伦和哈尔彭误解了他们在数字中发现的真相。他们成了误传者。

我成长于宽容的20世纪70年代，当时人们积极鼓励我接受自己是左撇子。之前的人就没有这么开明了。"不祥的"和"笨拙的"左撇子受到人们的怀疑，他们被认为受到了魔鬼的触摸。左撇子遭到了回避和歧视。因此，父母会尽量将孩子培养成右撇子。用左手吃饭或写字的婴儿会迅速被纠正过来。左撇子的自然比例是10%到12%，但在19世纪和20世纪早期，被视为左撇子的人口比例要小得多。直到最近，天生的左撇子才有可能以左撇子的身份成长。

因此，在1991年，左撇子群体的平均年龄低于右撇子群体。所以，左撇子的死亡年龄应该比同时期死亡的右撇子小。我可以通过类比说明这一点。已经去世的数字土著的平均死亡年龄小于非数字土著。这一定是真的，因为所有在互联网普及时代出生的人全都低于25岁。这并不意味着数字土著的身份对健康有害。

1991年去世的左撇子的确比右撇子年轻得多。不过，这个真相受到了广泛的误解，使世界各地的左撇子产生了不必要的恐慌。事实上，年龄相同的左撇子和右撇子具有几乎相同的寿命预期，这个竞争性真相应该可以使那些仍然在为寿命而焦虑的左撇子感到安慰。

∴

数字是神奇的。它们可以提供语言常常无法提供的关于世界的清晰度。我们可以用数字来比较、评价事物，测量变化，总结出一个人物的一系列优秀品质。数字可以被任何文化中的任何人理解。它是一种世界语言。问题在于，我们许多人在很多时候对数字存在误解。即使是两个接受过统计学培训的科学家也看不出他们自己的数字说明了什么，难怪那么多人会对数字的含义感到困惑。

这不是数学能力问题。如今，我们很少有人需要口算乘除法。你可能不知道什么是二次方程，但这没有关系。对于管理家庭预算和为负责任的政府投票的人来说，重要的是理解某个具体数字意味着什么。

由于我们许多人在看到一个统计量、一所新学校的成本或者一个群体的规模时很难知道它的真正含义，误导者可以暗示他们所希望的含义，从而影响现实。数字本应是目前最透明的沟通形式，因此它本应最不容易被人误用。不过，我们却在生活中的各个领域看到了由数字支持的竞争性真相。

苹果、橘子和芝加哥谋杀

在谈论数字之前,我们需要考察数字究竟代表了什么。吹嘘雇佣记录的企业谈论的是全职员工、合同工、无薪实习生还是等效全职工?煽动者引用的数字是移民、非法移民、经济移民还是难民?接受救济的人是失业者还是仅仅有资格获得儿童或低收入支持的人?喜欢某产品的人是全体人民中的70%,还是最近被该产品的广告轰炸过的小镇上70%的受调查者?政府统计量指的是玉米种植量还是玉米销售量,是家庭还是个体,是纳税人还是居民?这些区别之中存在着大量的调整空间,这为竞争性真相提供了机会。

加拿大和澳大利亚拥有全世界最高的儿童劫持率。是的,这是真的。这不是因为它们比墨西哥和哥伦比亚更加危险,而是因为两国政府将儿童监护权争端包含在了劫持儿童的统计数据中。类似地,瑞典的强奸率据说排在全球第二位,每年每10万居民中有60起案件报告(印度的强奸率是十万分之二)。不过,这不仅说明瑞典性犯罪的报告率较高,而且体现了更加宽泛的强奸定义。

2001年,为了支持在北极国家野生动物保护区开采石油,美国副总统迪克·切尼(Dick Cheney)声称,只有2 000英亩土地将会受到影响,其面积相当于"杜勒斯机场的1/5"。事实上,他只统计了建造"生产和支持设施"的土地，这既不包括公路和相关基础设施占用的土地，也不包括靠近钻探地点，可能打扰野生动物或污染环境的土地。此外，在建设地上管道的地区，只有支撑管道的支柱被统计到了建设面积之中，管道其余部分下方的土地被排除在外。切尼的数字极具误导性，他的提案随后被参议院驳回。

> 数字策略 #1
> 选择有利单位

当特朗普总统 2017 年对国会说 "9 400 万美国人没有工作"时，这似乎意味着所有这些人都是被动失业者。实际上，这个来自劳工统计局的数字包括所有 16 岁以上的学生、退休人员以及那些选择不工作的人。真实的美国失业数字——想工作但是无法获得工作职位的人——在 2017 年年初约为 760 万，不到特朗普所说数字的 1/10。

类似地，当特朗普宣称"像阿富汗这样的地方比我们一些城市的中心区还要安全"时，他要么记错了，要么有意曲解了芝加哥谋杀案和美国人在阿富汗死亡人数的对比。2001 年到 2006 年，芝加哥有记录的被害人数为 7 916 人。同一时期，2 384 人在阿富汗遇难。阿富汗的暴力死亡总人数要高得多（一位学者估计，2001 年以来，超过 10 万人在阿富汗被害），相对较少的美国人在阿富汗的暴力死亡率明显高于芝加哥。特朗普的说法指的是在芝加哥被害的美国人比阿富汗要多，但是生活在芝加哥的美国人要多得多。根据这种逻辑，他完全可以说，在太阳上生活更加安全。

这个数字很大吗

一款沐浴露产品的市场宣传材料称："原始薄荷茶树沐浴露浓缩了 7 927 片真实薄荷叶。"数字 7 927 以很大的字号印在瓶子上。7 927 片薄荷叶很多吗？我不知道。制作几毫升精华油需要几千朵玫瑰，所以这个数字也许并不多。不过，这款产品显然暗示了这是一个很大的数字。

在塑造品牌这一轻松背景下，这并不十分重要。不过，下面的说法呢？

> 我们正在雇用 1 000 名新护士。
> 我们的全新送货车辆每年可以节省 100 万加仑燃料。

这些数字很大吗？发表这些言论的人显然想营造这样的印象。不过，在了解背景之前，我们无法做出判断。在只有大约 8 000 个专业护士的爱沙尼亚，新增 1 000 名护士是一项了不起的成就。在护士群体大约有 90 万人的德国，这些新人几乎不会引起人们的注意。对于 UPS 这种拥有十几万辆送货车的公司，每年 100 万加仑燃料只是一个舍入误差而已。

现在的英国年轻人买房很困难,这在很大程度上是因为"可负担"住宅的短缺。在2017年10月的一次重要演讲中,首相特蕾莎·梅宣布:"我会在首相任期内专注于解决这个问题。"她还说:"今天,我可以宣布,我们将在可负担住宅上新增20亿英镑的投资。"首相想表述一个很大的数字,但媒体迅速戳破了她的泡沫:20亿英镑(26亿美元)可以多建造2.5万套住宅,这在120万家庭排队等待分发住房的国家无异于杯水车薪。

> 数字策略 #2
> 使数字看上去变大或变小

当某人试图说服你相信一个数字特别重要时,他所做的第一件事就是将其转换成包含相关背景的更具启发性的真相。百分率往往可以比数字本身提供更多信息。道达尔对太阳能电池板制造商日能公司投资14亿美元。你感到震惊吗?不要急于预测这家法国石油天然气巨头的可再生能源革命:这笔投资只占道达尔总资产的不到1%。2015年,怀俄明的公路死亡人数只有145人,得克萨斯则有3 516人死于车辆事故。不过,对于只有58.6万人口的怀俄明来说,每10万人的年公路死亡人数是24.7。在拥挤的得克萨斯,这个数字是12.8。

2010年,电子制造商富士康的18名员工企图自杀,其中14

人死亡。这个故事成了西方报纸的头条新闻，因为富士康是苹果手机以及三星、戴尔、索尼等全球品牌一系列产品的制造商。富士康和苹果立即受到了虐待劳工和工作条件不佳的指控。这些自杀事件是一场悲剧，但它们是否意味着富士康真的存在问题？该公司2010年的员工接近100万人，年自杀率约为十万分之一点五。中国的平均自杀率为十万分之二十二。换句话说，富士康的自杀率不到全国平均水平的7%。14起备受关注的死亡事件混淆了一个更加积极的竞争性真相。

奥巴马曾说过，在美国，浴缸导致的死亡人数超过了恐怖袭击。这种说法受到了批评，但是奥巴马并没有说错。根据国家安全委员会的数据，2013年，464名美国人在浴缸中溺死，1 810名美国人在天然水域溺死，903人在床上意外窒息或者被勒死，超过3万人摔死。同年，只有3个美国人在波士顿马拉松期间死于恐怖袭击——还不到浴缸死亡人数的1/100。

∴

不过，我们也会被相对数字引入歧途。想掩饰大数字的误导者可以将其描述成某个更大数字的很小的比例。我们很容易忽视只占某个事物很小比例的事物，尽管其绝对数字可能很大。

美国非营利组织计划生育协会在其网站上宣布："堕胎服务占计划生育协会所有卫生服务的3%。"[1] 根据2014—2015年度报告，

---

[1] 这句话随后被删除，但它仍然存在于2014—2015年度报告中。

该协会的绝大多数服务与性传播感染检测和治疗（45%）以及节育（31%）有关。3%这个数字使堕胎听上去像是计划生育协会的边缘活动。不过，他们是怎样得到这个数字的呢？他们的2014—2015年度报告记录了9 455 582项"服务"。其中，近100万项服务涉及应急避孕套件的提供。超过100万项服务是怀孕测试。超过350万项服务是性传播感染测试。这些服务在成本、人工和个体影响上远远无法与堕胎相比。不过，这些例行活动的巨大数字使同一年所进行的323 999次堕胎程序显得不值一提。实际上，这些堕胎[1]服务占美国所有堕胎记录的将近50%。

英国政府将国民总收入的0.7%用于海外发展援助计划。这是联合国自1970年起为发达国家设置的目标，但是只有6个国家满足了这个目标，英国就是其中之一。英国纳税人应该对于这种慷慨感到自豪吗？或者，我们的支出是否太多了？作为一个很小的比例，0.7%的国民总收入似乎是一种无害的承诺。实际上，这相当于2016年的136亿英镑（180亿美元）。这的确是一个很大的数字。它比英国政府对于大学的投入还要多，也比政府对警察的投入还要多。

一个富国每年为其他国家非常重要的卫生、营养和基础设施需求提供136亿英镑也许是合适的，但是同国民总收入的比例相比，评论家似乎很少对于这个绝对金额给予太多的考虑。在2017年英国选举期间，保守党用免费学校早餐（预计成本：6 000万英

---

[1] 假设每次"堕胎程序"导致一次堕胎。

镑）取代 4～7 岁儿童学校午餐（预计节省：6.5 亿英镑）的计划受到了没完没了的争论，但是几乎没有人讨论比这多得多的 136 亿英镑海外援助支出。

⁂

政客、营销人员和新闻工作者似乎觉得基本数字给我们带来的麻烦还不够多，因此他们常常使数字看上去变得更大或更小。为了削弱政府支出给人带来的印象，政客们喜欢用每日成本代替每年成本，甚至使用每个纳税人或公民的成本。皇家《每日快报》的一则新闻标题是"多么划算！王室每年只会给你带来 56 镑成本"（纳税人这一年花费了 3 570 万英镑）。一份持支持立场的报纸称，某种癌症药物"每天只需花费每位患者 43 英镑"。显然，该报对于这种药物为国家带来的总成本不感兴趣。一位精通数学的社会活动家宣称："如果让每个美国人免费读 4 年大学，纳税人每天只需要花费 70 美分。"要想让数字变大，只需把时间线拉长："政府最近确认了对自行车和步行的支持，它将在本届国会期间为此投入超过 3 亿英镑资金。"这听上去比每年投资 6 000 万英镑更加慷慨。同"加拿大在 11 年间每年追加投资 73.6 亿美元"相比，"联邦政府宣布为基础设施追加 810 亿美元"似乎更加激动人心。

沟通者也可以将某件事物转化成护士或热饮等无关测量单位，使其看上去更加便宜或昂贵。一位医疗保健官员最近承诺："你可以用每周不到一杯咖啡或一块蛋糕的成本获得我们的医院治疗保险。"或者，为什么不用医院本身作为你的测量单位呢？欧洲议会疑欧派议员丹尼尔·汉南（Daniel Hannan）称，欧盟2013年浪费的资金"足以建造10座最先进的英国医院"。

且不说蛋糕和医院价格的巨大波动性，如此具有创意的金融谈话足以危险地把水搅混。一件事物的成本是它的美元、欧元或英镑价格。对于这个成本的任何改写都是竞争性真相，很可能是为了服务于某个特殊目的。

脱欧事件中的数字

有一个数字决定了英国脱欧公投。这个数字是："英国每周向欧盟提供3.5亿英镑。"英国脱欧倡导者鲍里斯·约翰逊（Boris Johnson）甚至开着一辆侧面印有这句话的"战斗巴士"环游了英国。这是一句十足的谎言。在这本关于真相的书中，我不想对此进行更多讨论。

不过，其他一些更加真实的数字得到了巧妙的使用，以便误导大众。财政大臣乔治·奥斯本（George Osborne）用一个极为惊人的数字支持了"留欧派"。财政部发布了一份预测报告，称如果脱离欧盟，英国2030年的国内生产总值将比留在欧盟低6%。奥斯本的新闻稿是这样写的："如果英国投票退出欧盟，英国每个家庭每年将损失4 300英镑。"

这有什么问题呢？首先，奥斯本的新闻稿使人觉得英国将比目前更加糟糕。实际上,财政部的预测显示,不管是否脱离欧盟,英国 2030 年的国内生产总值都要比现在高得多。更加完整诚实的标题应该是这样的:"英国将比它本应面临的情况糟糕一些,但它仍然会好于现在。"

还有家庭的问题。新闻稿暗示,每个英国家庭的支出将会减少 4 300 英镑。虽然它没有这样说,但是解读这份新闻稿的报纸的确是这样说的。不过,财政部在分析中谈论的并不是家庭收入——国内生产总值是一个完全不同的怪物,因为它包括公司投资和政府支出等因素。英国 2015 年有 2 700 万家庭,国内生产总值为 1.869 万亿英镑,平均每个家庭的国内生产总值超过 6.9 万英镑。2014—2015 年的家庭可支配收入中值只有这个数字的 1/3 多一点,为 25 700 英镑。显然,家庭平均国内生产总值这一概念本身毫无意义。乔治·奥斯本及其财政部团队完全清楚所有这些事情。他们的标题是真实的,但它却是一个故意误导大众的真相。

其他例子

2016 年,英国儿童癌症协会发布了一份令人悲伤的新闻稿:"过去 16 年,儿童和年轻人的患癌病例上升了 40%。"这使一向冷静的《电讯报》刊登出了极为疯狂的标题:"现代生活正在杀害我们的孩子"。《电讯报》显然不知道,过去 10 年,英国儿童癌症死亡率下降了惊人的 24%。该报引用儿童癌症协会"科学顾问"的话语，对于从家庭用电到吹风机的各种事物提出了批评。

英国儿童癌症病例数量的确出现了上升。不过，有两件事可以很好地解释这一现象。英国儿童数量在同一时期出现了增长。更多的儿童当然意味着更多的病例。此外，诊断学出现了明显的进步，更多癌症病例得到了更早的诊断和治疗；过去，儿童癌症病例直到成年以后才会得到确认，或者被统计到健康数据中。儿童癌症协会知道这两个事实，因此他们的新闻标题显然具有误导性，尽管它是真实的。另一个慈善组织英国癌症研究协会做出了更加现实的估计，认为20世纪90年代初以来的儿童患癌率增长了11%。

我们最重要的一些真相来自重要数字随时间的变化情况。社会问题正在变好还是变坏？政府支出正在增加还是减少？公司正在增长还是衰退？这些数字应该可以给出直截了当的回答。不过，误导者可能会用某个与之相关的数字讲述不同的故事。被捕青少年是否正在增长？如果人口在增长，那么青少年被捕比例可能是下降的。16岁以下的人数呢？黑人青少年的比例？由于暴力犯罪被捕的青少年数量？某座城市的青少年被捕数量？青少年惯犯？上述某个指标一定会指向合适的方向。

对于相关问题选择不同的起始年份可能会改变相关现象的真相。2011年1月，美国企业可以庆祝股市两年间的增长，因为标普500自2009年1月起上升了36%。他们也可以哀叹股市3年间的下跌，因为标普500同2008年1月相比下降了10%。

工党政治顾问兰斯·普赖斯（Lance Price）在 2000 年 1 月 20 日的个人日记中承认："本周的犯罪数字非常糟糕。"普赖斯是托尼·布莱尔唐宁街团队的重要成员。"我们提前举行了一次疯狂的会议。会上，有人建设性地指出，如果剔除犯罪率上升的区域，犯罪率就会下降！我想到，我们可以将同样的原则应用于医院候诊名单。"

两年后，一群研究人员考察了工党在《工党在你的选区做了什么》一文中发布的一组统计"指标"。这些指标衡量了教育、国家医疗服务、治安和经济等领域的进步。研究人员说，"我们注意到"，工党的数字使人觉得"每个地方的每件事情似乎都在变好"。没有哪个政府能够做到如此优秀，不是吗？研究人员详细考察了每个指标，以研究工党是如何让人们觉得一切都在变好的：

> 如果某个指标在一个时间段里没有改善，我们就会把这个选区的时间段改成情况有所改善的时间段。各指标还具有不同的空间尺度……例如，关于犯罪数字，一些选区的指标采用了整个英格兰和威尔士的平均值，因为这些选区所在警务区域的犯罪率出现了上升。因此，在工党的网站上，工党治下所有地区的犯罪率都在下降。

看起来，唐宁街这次"疯狂的会议"转化成了严肃的沟通政策。

> 数字策略 #3
> 隐藏或夸大趋势

在图表上，误导者可以改变图像的标度，或者使用不是从 0 开始的轴线，从而改变真相。当你在有利的轴线上描绘数据时，下降趋势可以显得很平坦，不明显的增长也可以显得很突出。如果你所在地区可用医院床位的数量从 15 134 增加到 15 326，这种 1% 的平凡增长在纵轴始于 15 000 的图像上将会成为一项令人瞩目的成就。

在尴尬的投资人会议上，你可以用累计销售图像掩盖主打产品糟糕的销售数字——你可以展示产品的总销量，而不是今年的销量。对误导者来说，累计图像的好处在于，它不会下降。你今年的累计销量不可能低于去年，除非你执行了非常宽松的退货政策。苹果总裁蒂姆·库克（Tim Cook）2013 年展示了"苹果手机累计销售"图表，从而隐藏了两个季度的销售下降。他在一个月后对平板电脑销量进行了同样的操作，因为平板电脑销量也下降了两个季度。石英商业新闻网站总结道："苹果要么不善于设计图表，要么认为你不会注意到这种区别。"

石英网上有一张可爱的曲线图，描绘了1820 年以来海盗人数的下降和全球平均温度的上升。这种关联很神秘：随着海盗人数的下降，世界变得更加温暖。显然，公海犯罪行为的减少推动了洲际贸易，导致全球变暖！

这个结论当然很可笑。傻瓜都能看出来，这个逻辑应该颠倒过来：温度上升导致船上的朗姆酒蒸发，削弱了海盗的士气，促使他们从事更加本分的行业。

上面这段可笑的分析告诉我们，两组数据表面上的关联并不意味着它们存在某种因果关系。有人注意到，海滨度假区销售的冰激凌越多，溺水的人似乎就越多。这并不意味着冰激凌会导致致命的痉挛。当天气暖和时，人们喜欢吃冰激凌。当天气较好时，人们还喜欢游泳。冰激凌消费和溺水事件的增长没有因果关系，二者都是由第三个因素导致的。

误传者很容易落入这个陷阱。最近一个令人担忧的现象是发达国家贫穷和肥胖表面上的联系。2013年，英国公共卫生大臣安娜·苏布里（Anna Soubry）表示："你现在几乎可以根据一个人的体重判断他的背景。"英国最贫困的儿童肥胖的可能性是最富有儿童的近两倍。这是否意味着贫穷会导致肥胖，因而会对生命造成威胁？

一些政客提出了相同的观点，并且提到了垃圾食品低廉的成本。社会活动家利用这种关联为减少贫困的政策辩护。不过，这种因果关系并不明确。廉价食品不一定富含糖分和脂肪，肥胖可能主要是贫困地区的教育和文化因素导致的。单纯增加对贫困家庭的财务支持不一定能改善他们的饮食。这笔钱也许更应该花在公共意识宣传、体育设施或者学校营养餐上。缓解贫困的措施也许是必要的，但根据肥胖相关性为其辩护可能是对竞争性真相的误用。

谎言和该死的谎言

常言道:"世界上有三种谎言,谎言、该死的谎言、统计学。"在卫生、政治、投资、教育和其他许多领域,我们依靠统计量做出合适的选择。统计量不是谎言。不过,作为真相,它们比单纯的数字更容易受到操纵。

平均数是最有名的统计量之一。要估计一群人的平均身高,我们可以测量 75 个人的身高,然后取样本的平均数。你可能觉得像平均数这么简单的事物不可能存在竞争性真相——事实上,平均数不止一种。如果我们将样本中的所有身高加起来,然后除以 75,我们得到的就是均值。如果我们将 75 个人按身高顺序排列,中间那个人的身高就是中位数。这两个平均数的值是不同的。[1]

面对不了解二者差异的听众,误导者可以在均值和中位数之间进行切换。2014—2015 年,英国税前工资中位数是 22 400 英镑,同一年的工资均值是 31 800 英镑(两个数字只适用于纳税人)。较高的均值不应该使我们感到惊讶,因为一小部分英国人可以赚到几百万英镑,他们对中位数几乎没有影响,但他们巨大的薪酬使均值明显向上倾斜。

所以,在 2015 年,下面两种说法都是真实的:

> 28 000 英镑的教师工资低于平均收入。

---

1 还有第三个不太常用的平均数,叫作众数,它是样本中出现频率最高的数值。

28 000英镑的教师工资高于平均收入。

大多数评论家不会具体指出他们使用的是哪种平均数。聪明的政客、工会领导和社会活动家会选择符合个人意图的平均数。

> 数字策略 #4
> 挑选统计量

均值还存在其他狡猾之处。许多父母关心孩子所在班级的规模，他们通常喜欢小班，因为老师有更多时间照顾每个孩子。所以，政客们热衷于证明班级的平均规模很小。不过，这并不意味着大多数孩子都在小班里。

为说明这一违反直觉的现象，想象你们镇上只有两个班级。一个班有10个孩子，另一个班有50个孩子。班级规模的均值是30，这听上去不错。不过，大多数孩子都在50人的班里。所以，平均而言，一个孩子很可能在50人的班里。更准确地说，每个孩子所在班级的人数均值是43多一点。

所以，当政客真实地谈论一个州或国家的平均班级规模时，这个数字低于一个孩子所在班级的平均人数。同样的技巧也适用于过度拥挤的监狱、火车、医院等。国家或州的均值总会低估普通人的经历。

考虑下面的谜题。当一个头发长度超过平均值的男人走进酒吧时，酒吧里的头发长度平均值却下降了。这是怎么回事？

这个谜题很简单，但它体现了一个被称为"辛普森悖论"的统计学问题。它的问题在于，同样的数字可以传达两个完全不同的真相。在回答谜题之前，让我们考虑现实中的一个例子。

2000年到2012年，调整通胀因素后的美国工资中位数上升了0.9%。这似乎是一个好消息。不过，在同一时期，高中辍学生的工资中位数下降了7.9%，高中毕业生的工资中位数下降了4.7%，大学生的工资中位数下降了7.6%，至少拥有一个学位的群体的工资中位数下降了1.2%。简单地说，美国每个经济群体的工资都下降了，但总体平均数却出现了上升。

这就是它被称为悖论的原因。

回到谜题上来。答案取决于"头发长度超过平均值"意味着什么。我们谈论的不是所有人口的"平均值"。我们是说，这个男人的头发长度超过了男性群体的平均值。当然，酒吧里有男有女，新来者的头发长度比不上女性平均值。酒吧里男性子群体的头发长度平均值增加了，女性子群体的平均值保持不变，总体平均值出现了下降。

辛普森悖论的关键是识别群体和子群体的差异。

再次考虑工资的下降。你是否认为这些子群体（高中辍学生、大学生等）在不同时期是固定的？我们知道，事实并非如此：如今，美国工人中大学毕业生的比例提高了。换句话说，同2000年相比，工资最高的子群体相对于工资最低的子群体变大了。所以，虽然大学毕业生的工资中位数出现了下降，但是他们人数的增长拉高了整体工资。

这很重要，因为群体和子群体层面的不同结论使美国政客同时得出了两个真相：工资上升了，工资下降了。大多数人从未听说过辛普森悖论，而且缺乏统计学培训，不知道两个如此矛盾的真相能够同时成立。因此，他们会相信他们听到的版本。如果他们同时听到两个版本，他们可能会完全失去对于统计量的信心。

工资上升了，下面是证明它的统计量！
工资下降了，下面是证明它的统计量！

两种说法都是正确的。
这就是人们充满怀疑的原因。

巨大的误导

在国家经济健康的理解上，没有比国内生产总值更加被人密切关注的指标了。在大众看来，这个数字捕捉到了由几十亿次交易和投资组成的经济体的规模和表现。国内生产总值衡量了一个经济体创造的扣除通胀因素后的价值。它被用于确定利率、主权信用等级、养老金支付、税率和政府支出。如果国内生产总值上升，我们认为普通人的生活水平也会上升。如果国内生产总值连续两个季度下降，我们会宣布经济衰退，并且削减重要支出。国内生产总值影响着我们所有人。

2015年，爱尔兰国内生产总值增长了26%。对于这个欧元区小国来说，你可能觉得这是一个惊人的成就。印度的国内生产总值增长率是7.6%，中国是6.9%。欧元区的平均增长率是微不足道的1.7%。爱尔兰是如何取得这个成绩的呢？

遗憾的是，国内生产总值的激增和爱尔兰人几乎没有关系。这不是他们创造的，他们也不会获得太大的利益。少数国外公司由于税收原因在全球赌桌上移动了一些筹码，一些宝贵的资产被转移到了爱尔兰。在那里，它们带来了大量收入。爱尔兰的公司税率只有12.5%。对于可以通过企业倒置和其他操作改变地址的全球企业来说，爱尔兰是一个极具吸引力的地区。目前，超过700家美国公司的官方总部设在爱尔兰。2015年，3 000亿欧元的生产资本流向了爱尔兰，包括荷兰埃尔凯普租赁公司价值350亿欧元的飞机以及苹果等科技巨头的各种知识财产。

所有这些新增资产和新增国民收入对于爱尔兰人意味着什么呢？它们似乎没有太大意义。2015年的官方出口数据从2 200亿欧元增长到了2 950亿欧元，但导致这种惊人增长的大多数商品和服务不是在爱尔兰生产的。将官方地址搬到爱尔兰的美国公司往往会将经营和管理留在美国。来自公司税的收入出现了增长，在一定程度上缓解了受到紧缩困扰的政府预算，但大多数爱尔兰公民的收入没有受到影响。根据爱尔兰中央统计局的数据，就业率没有发生太大变化。大多数爱尔兰人的财富和前景跟之前差不多。

那么,国内生产总值这个指标的意义是什么呢?如果一个国家可以在纸面上看到明显的增长,但是大多数国民都无法体验到物质上的改善,我们是否可以认为国内生产总值这个指标达到了目的呢?在爱尔兰的例子中,它可能会产生很大的误导。2016年初,有人兴高采烈地指出,该国债务与国内生产总值之比从2013年的超过125%下降到了不到100%。在国内生产总值人为注水的背景下,这个成就显得很空洞。爱尔兰仍然是世界上人均债务第二多的国家。

⁂

爱尔兰是国内生产总值失真的一个极端案例。不过,这个指标对于我们每个人来说都是有问题的。当科罗拉多的摩托车手摔断一条腿时,这对他是坏消息,但对国内生产总值却是好消息:他或他的保险商需要为救护车、医学治疗、医院床位、物理治疗甚至律师和新的摩托车付款。他的不幸意味着经济活动的增长,这将提高国内生产总值。类似地,如果非洲农村社区遭遇干旱歉收,不得不购买食物,他们的困难会直接导致国内生产总值的增长。如果原始雨林被砍伐并被制成木材,或者地震导致新的建设,国内生产总值也会增长。另一方面,如果汽车制造商发明了一款价格更低、更加高效的汽车,汽车和燃料支出可能都会下降,导致国内生产总值下降。所以,虽然国内生产总值被视作目前最好的国家经济健康指标，但是它的增长并不意味着快乐和幸福的增长。"国内生产总值上升"的真相可能会和"许多人健康和快乐水平下降"的竞争性真相同时存在。

当科技改变我们的活动和我们重视的事情时，国内生产总值和人类福祉的差异正在变得越来越重要。大多数发达国家的国内生产总值已经连续多年保持停滞。评论家认为，这意味着我们的生活水平也处于停滞状态。不过，在这段时间里，我们的机器、沟通和医学质量得到了显著提高，我们获得了几乎无穷无尽的知识、音乐、电视、书籍、网络和游戏资源。过去渴望拥有汽车或一柜衣服的年轻人现在更希望在脸谱网上添加好友或者在Instagram上传自拍照。我们在线听音乐，获取网络信息，玩多人游戏，寻找工作和伴侣，打造我们的人际网络，这给我们带来了巨大的价值。不过，由于所有这些事情不需要花一分钱，因此这些价值大部分被国内生产总值的统计数字忽略了。共享汽车或共享育儿经历的应用程序可能会极大地提高你的生活质量，但它也可能减少打车和聘请保育员的支出，从而降低国内生产总值。

考虑到这个问题，中国国家统计局副局长在2016年呼吁将免费服务纳入国内生产总值报告中。"数字经济催生了新的商业模式，创造出了许多非货币交易，"许宪春说，"它们的收入主要来自网络广告，而不是实际享受服务的用户。所以，消费者免费获得的最终服务的价值常常被低估或忽略"。英国国家统计局被要求研究如何将共享经济纳入国内生产总值的估计之中。WhatsApp消息、谷歌地图和 YouTube 视频真正价值的量化问题仍然有待解决。

即使统计学家能够将我们这个时代的免费数字商品和共享经济服务纳入国内生产总值之中，当我们下次听到政客吹嘘该指标的微弱上升时，我们仍然应该认识到它的局限性。1968 年，罗伯特·F. 肯尼迪（Robert F. Kennedy）在谈到与之关系密切的国民生产总值时说："它既不能测量我们的头脑，也不能测量我们的勇气；既不能测量我们的智慧，也不能测量我们的学问；既不能测量我们的热情，也不能测量我们对国家的热爱。简而言之，它什么都能测量，就是不能测量使生活有价值的事物。"

拼凑数字

研究人员对于工党 2002 年的业绩指标提出了批评，他们得出了下面的结论：

> 公平地说，从严格意义上讲，工党网站上的所有内容都是真实的。不过，整体而言，这些统计数据的组织方式——为呈现最好的政绩画面而将年份和区域混搭在一起——是不诚实的。

这种对于统计量的操纵似乎很常见，因此似乎合情合理。有人会说，如果你天真地相信某个党派组织公布的数字，那么你上当也是应该的。问题是,许多人对于数字很头疼,他们在看到数字时会停止批判性思考。如果政府部门的人拿出一组数字,我们谁会质疑它们呢?如果相互对立的智库向我们展示相互矛盾的数字,我们如何确定哪组数字代表了更大的真相呢?

我们对世界的理解取决于我们如何测量世界。我们的理解反过来又决定了我们的选票、行动和态度。数字很重要。我们一定不能失去对于数字的信任。不过,我们需要更好地解读数字,并在误导者用数字真相对我们说谎时要求他们承担责任。

如何应用于现实

深入挖掘，以理解辩论中的每个数字究竟代表什么。

确保你使用的是最贴切的单位，你所对比的事物处于同一级别。

将数字放在背景中，将它们与其他相关数字进行比较，以显示它们的真实大小。

当心……

试图使数字看上去更大或更小，或者使趋势变得更加明显的误导者。

认为两组相关数据存在因果关系的误传者。

挑选统计量或者不明确指出自己使用的是何种平均数的误导者。

第五章 故事

让事实见鬼去吧！我们需要故事！

——肯·凯西（Ken Kesey）

世界上最复杂的故事

当英格兰银行前行长默文·金（Mervyn King）开始解释2008年全球金融危机的发生时，他将他的文章命名为"危机的故事"。

"我们应该从柏林墙的倒塌这一关键转折点开始。"他写道。金勋爵描述了"计划经济模式的寿终正寝"是如何鼓励中国、印度和其他国家与国际贸易体系接轨的。其结果是，这个系统的劳动力供给增长了两倍多。他解释说，这导致了亚洲的巨大贸易盈余，最终导致全球储蓄过多。由于长期利率是由全球储蓄和支出的平衡决定的，因此这种"储蓄过剩"导致利率直线下降，从而使资产价格上升。贷款变得非常便宜，促使企业投资更加边缘的项目。与此同时，资产经理和银行家急于寻找回报率优于低息债券和贷款的投资机会。

金介绍说，这导致银行资产负债表迅速膨胀，其间充斥着风险越来越大的投资，而且常常会使用刚刚被设计出来的、很少有人理解的金融工具。这与全球经济失衡共同形成了一个极不稳定的经济火药桶，只等火星的到来。由于银行家需要接手大量高风险、不透明的投资，因此他们不再相信其他银行家能够偿还贷款，这就是危机的导火索。金融机构不再确定同行能否在需要时弄到现金，因此他们不再相互借贷，这加剧了流动性问题。接下来就是我们所有人熟知的痛苦经历了，包括雷曼兄弟银行的倒闭、股市的一落千丈和数十亿美元的政府救援。

故事的三个必要组成部分

为什么默文·金将其叙述的一系列如此严肃、震惊世界的事件称为"故事"？为了回答这个问题，我们需要理解什么是故事。在听到这个词语时，许多人首先想到的是与龙、间谍和爱情有关的童话故事和小说。"给我讲个故事"是小孩子的请求。故事与乐趣有关，与儿童有关，与电影有关，与逃避主义有关，与寻找新鲜资讯的新闻工作者有关。许多人可能觉得故事和真相的联系很松散。

在为公司和政府机构写了10年故事以后，我愿意提供另一个定义：

> 故事是对变化过程的选择性连贯叙述，强调局面和事件之间的因果关系。

我知道……听起来，我选择了一个有趣的概念，并用无聊的术语毁了它。不过，故事对于我们的沟通方式非常重要，因此我们应该努力理解故事是如何发挥作用的。下面是一切故事必不可少的元素。

变化过程

没有变化，就没有故事。如果你的英雄在开头和结尾完全相同，你讲述的就不是故事。迈克尔·柯里昂从正直的军人转变成了最无情的黑手党老大。多萝西从奥兹国回到了家，但她本人发生了不可逆转的变化。2008年金融危机的积累阶段使我们从全球经济比较平衡、银行资产负债表比较保守的时期进入了资产负债表日益失衡、膨胀和危险的时期。相比之下，关于银行年复一年接收相同存款、发放相同贷款的描述完全没有任何故事性可言。

因果关系

原因和结果是一切故事的核心。因为丁丁发现了模型船里隐藏的羊皮纸，所以他踏上了加勒比寻宝之旅。因为特洛伊人决定将巨大的木马带进城内，所以希腊人蹂躏了这座城市。因为利率极低，所以投资者在寻找回报时选择了风险更大的项目。这是故事的逻辑所在，也是听众相信故事的原因：讲述者需要说清事情发生的原因。

触发事件

将因果关系和变化结合在一起,你就获得了剧作家所说的"诱发事件",即变化过程开始的原因。默文·金在故事中称之为"关键转折点":柏林墙的倒塌。每个故事都需要一系列事件的最初诱因。德古拉雇用法律事务所监督英国房地产的采购。达西先生的朋友在伊丽莎白·贝内特家附近租了一所大房子。莱娅公主得到了死星的计划并将其隐藏在了机器人 R2-D2 内部。当然,之前也发生了一些事情(就像最近关于窃取计划的《星球大战前传》展示的那样),但是这件事标志着故事正篇的开始。在关于多个原因和结果的叙述中,触发事件是最初的原因。

好故事还有其他许多元素——英雄、恶棍、导师、骗子、盟友、挫折和障碍、转折和戏剧性发现,但这三者是每个故事必须拥有的决定性基础。下面是它们在莎士比亚《哈姆雷特》中的体现。

触发事件:哈姆雷特父亲鬼魂的出现。作为之前的国王,他告诉哈姆雷特,他是被哈姆雷特的叔叔、目前拥有王位并且迎娶了王后的克劳狄斯谋杀的。

因果关系:因为哈姆雷特对于鬼魂的说法充满怀疑,所以他设计了一出戏,以测试克劳狄斯的罪行。因为奥菲利娅的父亲被她所爱的人杀死,所以她精神错乱并溺水而死。因为克劳狄斯惧怕哈姆雷特,所以他设计要害死他。因为奥菲利娅去世,所以她的哥哥想复仇。

变化过程：哈姆雷特得知父亲去世的真相。奥菲利娅精神错乱。主要人物大部分被杀。丹麦王位传给了挪威王储。

默文·金关于 2008 年金融危机起源的叙述同时包含了变化过程、因果关系和触发事件这三个元素。

理解我们的世界

不过，为什么是故事呢？英格兰银行行长为什么选择用这种古老的认知结构来传达如此复杂的主题呢？

答案存在于因果关系之中。人类渴望获得解释。当重要的事情发生时，我们希望理解它为什么发生。由于故事似乎可以说明一件事情是如何导致另一件事情的，因此它可以帮助我们理解这个混乱的世界。金融危机期间发生了许多事情，包括许多可怕、神秘、具有毁坏性的事情。金的故事从各种事件的泥潭中提取出了一条连贯而全面的线索。

在最简单的故事中，每个结果有一个原因，每个结果又会成为下一个结果的原因。金的故事没有这么简单。他描述了导致诸多结果的纷杂原因，其中关于复杂的经济关系和银行关系的故事占据了几页纸的篇幅。然而，专注的读者在读完之后会觉得他们理解了危机发生的原因。这是故事作为沟通途径的真正价值：它们使复杂事物变得连贯而清晰。

不过，我们为这种清晰和连贯付出了代价。故事的问题在于，它们具有高度选择性。坦率地说，故事无法给出完整的画面。它们是片面真相。我们可以在电影中明显看到这一点，因为电影的不同场景之间隔着大段时间，摄影角度也将许多行为排除在外。剧作家、导演和编辑根据许多因素选择场景。查尔斯·狄更斯在写作大卫·科波菲尔的一生时只选择了几个生活片段。在小说《一天》中，通过叙述每年某一天发生的事件，戴维·尼科尔斯（David Nicholls）描绘了两个人20年的生活。

真实的故事也是如此。当我们描述一系列事件时，我们会选择起始点、叙述时段和描绘人物的方式。重要的是，我们会简化原因和结果。故事是很有条理的，比如，因为帕里斯从墨涅拉俄斯那里偷走了海伦，所以希腊对特洛伊宣战；因为希思克利夫听到凯茜说，嫁给他会降低她的身份，所以他离开了家，获得了大量财富，成了呼啸山庄的主人。真实的生活很少如此黑白分明。事件常常拥有多个原因。X 可能是 Y 的原因，但 U、V 和 W 也可能是 Y 的原因。政客经常用简单的因果故事来解释主权债务危机或者伊斯兰国的出现，以支持他们的目标。与他们对立的政客会讲述带有不同因果链条的故事，这些故事可能同样真实。纳西姆·尼古拉斯·塔勒布（Nassim Nicholas Taleb）等学者甚至提出了"叙事谬误"——即我们"在不编织解释或强行拼凑逻辑链条的情况下观察事实序列的能力存在局限"。

卡特里娜的故事

在辩论性作品《休克学说》中，内奥米·克莱因（Naomi Klein）讲述了美国对卡特里娜飓风的响应。她写道，小布什政府将卡特里娜看作一个机遇，因为他们可以将私有化、放松管制、小政府和自由贸易等新自由主义政策应用于新奥尔良衰败的基础设施上。极具破坏性的飓风（故事中的触发事件）使城市人口结构和市政工作发生了翻天覆地的变化，因此一些人认为这座城市是试验自由市场思想的白纸。"几个星期之内，墨西哥湾沿岸成了政府承包商的内部实验室。"

在诺贝尔奖得主、经济学家米尔顿·弗里德曼（Milton Friedman）的思想指导下，布什政府收回了公共组织的应急资金，转而向哈里伯顿、柏克德和黑水等"灾难资本主义"承包商划拨了34亿美元。因灾难而失去税收基础的新奥尔良市不得不解雇3 000名工人。联邦政府雇用了私人咨询师，用于代替他们进行重建规划，这种规划更加有利于房地产开发商，而不是新奥尔良市民。被开发商长期觊觎的优质地段上的公共住房居民被疏散，房屋被迅速打上了拆除标记。公立学校变成了"自由市场"特许学校。布什总统为这一区域的大企业引入了新的税收刺激措施，撤销了保护工人及其工资的规章制度。

以黑人为主的新奥尔良穷人在飓风中受到了很大的打击和创伤，无暇反对这些赤裸裸的新自由主义措施。他们在"冲击下"屈服了。所以，"不相信政府的人"（也就是克莱因所说的自由市场支持者）利用自然灾害打造了一个"几乎完全由政府资源资助的公司式影子政府"。克莱因指出，富人和中产阶级可以接受私人保安公司、学校和医院的服务，可以在封闭社区内部享福，但在日益萎缩的公共部门越来越弱势的保护下，穷人们只能流离失所，或者悲惨度日。

克莱因的书是一部有理有据、令人震撼的作品，我并不想反驳她的新奥尔良故事。据我所知，她所呈现的事实都是真的。不过，关于卡特里娜的其他事实可以用于讲述完全不同的故事：

公共部门对于卡特里娜飓风的响应完全不及格。联邦应急管理局组织混乱，行动迟缓。来自其他城市的几百名消防志愿者无所事事地待在亚特兰大。新奥尔良市长雷伊·纳金（Ray Nagin）未能在卡特里娜登陆24小时之前发布疏散命令，随后又拒绝用校车队将老人和残疾居民运送出城。警察未能控制抢劫的蔓延。路易斯安那国民警卫队缺少人手，而且需要在洪水到来时保护自己的总部，救援不会游泳的士兵。总体而言，根据2006年国会报告，政府的反应以"无能、混乱和组织瘫痪"为主要特点。

幸运的是，私营部门做好了准备，愿意参与进来，去做公共部门做不到的事情。哈里伯顿、柏克德和黑水等公司拥有足够的人力、经验和领导力，在非常困难的环境下迅速高效地做出了反应。他们成功组织了食物和饮用水供给、医疗服务、临时住房和清理行动,比陷入困境的城市当局和联邦应急管理局快得多。荷兰德宝公司受雇提供了一个巨大的临时停尸房,因为州政府设施不足以应对罹难居民。陆军工程兵团用20亿美元雇用四家公司清理废墟,因为他们没有能力独自完成这项任务。愿意利用私人企业满足巨大公共需求的布什政府应该受到表扬。此外,他们还采取了恰当的措施,以确保联邦资金得到明智的使用:国土安全部派出30名调查员和审计员监督承包商在墨西哥湾沿岸的工作。在政府最初对于灾难的糟糕响应过后,在利用所有可用资源方面,布什政府表现出了当时急需的灵活性和实用主义。

两个故事都呈现了一组基本准确的事实,但二者的语气和传递的消息却完全不同。这是新自由主义阴谋,还是善意的实用主义?在看不到小布什及其顾问内心想法的情况下,我们很难做出明确的回答。所以,由于没有决定性的真相,我们只能依赖于这些故事呈现的片面真相。

根据你对布什政府、私有化或者阴谋论的看法,你可能倾向于接受其中的某一个故事。你的思维模式或世界观可能使你倾向于相信事件的某个版本。不过,两个故事都是真相,因为它们呈现的事实都是真的。至于这些事实连接成的因果关系及其组合而成的最终信息……那就要看你如何讲故事了。

> 故事策略 #1
> 通过连接事实暗示因果关系

默文·金的"危机故事"听上去合情合理,但是其他评论家却讲述了不同的故事。金的故事始于柏林墙的倒塌,其他人则将金融服务行业放松管制、债务抵押债券的发明或者美国住房泡沫作为触发事件。一些人关注银行家的贪婪,一些人关注消费者的鲁莽,一些人关注政客的无能或评级机构的腐败。这些故事讲述者选择和强调了支持个人观点的触发事件和因果关系。一些人批评像金这样的政策制定者,他们的故事描述了金和其他央行人士放松管理导致的灾难效应。相比之下,金所讲述的不可阻挡的宏观经济趋势暗示了央行人士和监管机构几乎没有能力阻止即将到来的灾难。由于金融危机极为复杂,因此我们可以讲述服务于各种目的的无穷无尽的故事。

我并不是说故事一定会歪曲真相,或者故事天生具有误导性。我们大多数人通过讲故事来解释事情,不管我们是否有意如此。我们对事件的呈现或叙述常常具有故事的形式,包括触发事件、因果关系和变化过程。几千年来,我们一直在讲述关于神仙、野兽、敌人和关系的故事,这已经深入到了我们的基因之中。

不过,当我们讲故事时,我们应该讲述正确的故事。我们需要知道根据现有事实构造故事的不同方式,以及我们可以让听众相信的不同结论。

花园的目的

邱园是一座英国皇家植物园，致力于植物和菌类的研究和保护。你也许听说过邱园，甚至可能去过。如果是这样，前面的第一句话可能会使你感到吃惊。邱园不就是一座位于伦敦西南的漂亮的传统花园吗？

这也是许多人的想法。重要的是，这也是许多英国政客的想法。这很重要，因为邱园部分依赖于政府资助：它每年接受英国政府大约2 000万英镑（2 600万美元）的拨款。对于一座花园，尤其是吸引不少游客参观的花园来说，这听上去是一笔不小的资金。另一方面，如果邱园有助于保护生物多样性，缓解气候变化的影响，保护全球食物供给，减少流行病风险，那么每年2 000万英镑是一笔少得可怜的费用。

2015年，邱园出现了每年超过500万英镑的资金短缺。在实行紧缩政策的英国，政府预算似乎准备进一步削减邱园的公共资助。邱园实施了裁员，并且搁置了一些重要的基础设施投资。园长理查德·德弗雷尔（Richard Deverell）需要强调该组织的重要国际角色，说明政府继续提供资助的理由。

作为前英国广播公司财务主管，德弗雷尔理解故事的力量，他请我帮助邱园设计一个新的故事。首先，我们坐下来谈论邱园。德弗雷尔开始讲述花园的早期岁月。作为历史爱好者，他热情地说起了乔治三世（George III）的母亲奥古斯塔王妃（Princess Augusta）在邱宫附近建造皇家花园的故事。后来，乔治三世将里士满花园和邱园这两个皇家花园合并。1841年,花园被捐赠给了国家。我们的会面持续了一个小时,这段历史叙述占据了前15分钟。我并不吃惊。德弗雷尔的员工已经向我提供了他最近向重要利益相关群体发表的几次演讲的稿子,每份稿子都是从邱园的历史开始的。

我在2015年就邱园最大的贡献指明:试图将自身定位为21世纪顶尖研究机构的组织不应该将泛黄的历史作为自我介绍的支点。德弗雷尔讲述的关于奥古斯塔王妃和乔治三世的一切都是真实的,但这不是一个合适的故事。对于皇家财产和慈善捐赠的回忆只会强化邱园希望摆脱的"传统花园"形象。当然,德弗雷尔在讲话中也谈到了保护、独特的植物收藏以及与顶级机构的科学合作,但他的听众此时可能已经在心里为邱园贴上了"明日黄花"的标签。

我们对邱园的全新介绍始于距离伦敦西南花园区很远的地方。

第一部分根本没有提及邱园。它描述了植物对于世界许多严重挑战的重要意义。这些挑战包括气候变化、可持续能源供给、食品安全以及我们尚未发现的许多对于新型食品、材料、医药和燃料非常重要的物种正在消失的悲哀现实。简而言之,植物极为重要。为了我们自身的生存,我们需要在植物消失之前更多地了解它们。

此时,故事才转向邱园。我们描述的邱园不是历史遗留下来的布满灰尘的宝藏,而是具有独特重要性的全球科学资源,包括世界上最大的植物数据库：花园中的活体收藏、干燥标本收藏、脱氧核糖核酸收藏以及著名的千年种子库中的种子收藏。在这个崇拜大数据的世界上，这些资源是英国和国际科学的宝贵资产。除了数据库，邱园还拥有植物科学领域最优秀的技能组合，包括植物识别和培养领域的顶级专家。最后，邱园与全球研究机构建立的关系不亚于英国政府可以吹嘘的任何外交关系。

换句话说，邱园可以很好地满足了解和保护植物的需求，为人类自身的生存做出贡献。

接下来的故事讲述了邱园满足这种需求的方案：将收藏数字化，供全世界访问，指导国际保护工作，将生物多样性项目的相关资源应用到人类福祉和发展上。这最终将有助于新的食物、材料、燃料和药物的发现，并且可以使基因多样性得到更好的理解和保护。

故事始于物种消失这一触发事件。它描述了邱园的变化过程和全球生物多样性。它展示了邱园的工作与人类美好未来的因果关系。它很连贯。最重要的是，它具有选择性，只描述了将邱园定位为现代科学资产的内容。

故事策略 #2
用故事定义身份

这个故事有一些值得注意的地方。

它只呈现了邱园的一个版本。邱园拥有世界上最优秀的园艺师，听到这个关注科学的故事，他们可能觉得自己受到了冷落：由于他们的高超技能和奉献精神，邱园成了一座非常精美的花园。此外，邱园还拥有一些引人注目的历史建筑，包括维多利亚棕榈屋、乔治佛塔和邱宫。面对园艺家和历史学家，你可能会讲述完全不同的故事，这个故事可能始于奥古斯塔王妃和她的著名园艺师威廉·艾顿（William Aiton），或者关注花园每年为100多万游客带来的快乐和教育价值。这些故事都是关于邱园的竞争性真相。

它提出了一个因果链条，淡化了其他因果链条。这个故事的实质是用植物研究解决人类挑战的巨大需求与邱园的资源及研究和识别能力之间的联系。它暗示，我们面临着一个全球需求，而邱园最适合满足这个需求。不过，你也可以写出类似的故事，将另一家植物机构描绘成这个英雄。你还可以说，由于现有机构无法满足这个需求，因此各国政府应该共同组建一个新的植物研究机构。具有其他因果关系的故事构成了竞争性真相。

它面向未来。这个故事始于现在，指出了气候变化和食品安全的挑战，并且延伸到了未来，描绘出邱园帮助我们解决其中一些挑战的路径。人们认为故事发生在过去，但是我所编写的大多数公司故事描绘了企业的未来轨迹。这种关于企业前进方向和路径的意识可以为股东提供巨大的鼓励，但它也引入了更多竞争性真相的可能性。展望未来，我们可以讲述关于前进方向的许多具有同样可能性的故事。

关于邱园，你可以讲述的事情有很多。问题是你应该讲述什么。面对已将邱园视作历史遗产的议员和公仆，你显然不应该谈论更多历史。相反，你的故事应该着眼于科学和数据，应该展望未来，而不是回顾过去。在一个将邱园描绘成顶尖大学科学院系而不是灌木丛、优雅的建筑和百年古树的故事里，花园本身只起着很小的作用。第二年，在财政紧缩的大环境下，邱园获得了新的财政拨款。政府保证未来4年每年提供2 000万英镑拨款，并为重要项目另行拨款5 000万英镑。

小故事，大作用

企业故事已经成了一个不小的产业，这在一定程度上源于英国公司斯托里泰勒斯（The Storytell）的开创性工作。我曾在该公司工作多年。大多数企业故事与邱园那种面向未来的组织故事具有不同的形式。当人事和市场经理提到讲故事时，他们通常指的是用逸事或起源故事分享最佳实践，鼓励某种行为或者打造一个品牌。

公司起源故事是团结员工和吸引顾客的常见手段。北面（The North Face）和巴塔哥尼亚（Patagonia）的创始人为满足自己的探险需求而设计工具包和服装的故事极大地提高了他们的品牌形象。巴克莱银行为他们的贵格会创始人而自豪，其诚实、正直和坦率的原则是银行员工目前仍然在使用的口号。这些当然是选择性历史，只讲述了使当前企业具有良好形象的过往事迹。

耐克为其共同创始人兼跑步教练比尔·鲍尔曼（Bill Bowerman）打造了一个复杂的神话。在他们的故事中，鲍尔曼将熔化的橡胶倒进家里的华夫饼烤模里，以便为他的团队制作更好的运动鞋。耐克在20世纪70年代实施了一个讲故事计划，要求高管充当"公司故事讲述者"。被称为"伊金"（Ekin, Nike的反写）的故事大使在培训中会前往耐克起源故事中的关键地点，并在鲍尔曼执教过的海沃德运动场上跑步。

对任何组织来说，逸事都是一个强大的工具。它们是关于某些人物或事件的局部真相，其目的是改变人们的普遍行为和思维模式。下面是公司逸事的典型案例：

> 萨利·福塞特在打扫卫生时见到了406号房的老夫妻。她注意到，布拉德肖先生需要接受胰岛素注射。一个星期二上午，她看到布拉德肖夫妇前往码头，准备进行海龟岛一日游。当她前去打扫他们的房间时，她发现布拉德肖先生的胰岛素包放在床上。他是准备带上它吗？萨利担心没有必需药物的布拉德肖先生在岛上遭遇不测。
>
> 所以，萨利拿起胰岛素包，跑向码头。船只已经离开，但是萨利的朋友在附近的海滩上有一艘汽艇。她借了经理的汽车，沿着海岸开到了朋友那里，并且说服朋友带着她前往海龟岛。到了那里，他们发现布拉德肖夫妇正在焦急地寻找胰岛素

包。"我对于萨利表现出的主动性和她为我付出的努力极为感激，"布拉德肖先生后来说道。布拉德肖夫妇已经在金沙滩预订了明年的房间，准备再次在此度过两周假期。

这个故事是虚构的，但它与许多企业鼓励员工和指导员工行为时使用的逸事非常类似。故事展示了替顾客着想、积极主动、创造性地使用资源和超越本职工作的美德。它将体贴的客户服务与企业成功和员工认同直接联系在了一起。管理者希望通过与其他员工分享萨利的故事，鼓励员工模仿她的行为。文学批评家可能会指责故事的平凡，但在企业环境中，这种坦诚而真实的叙述可以起到有效的鼓励作用。

> 故事策略 #3
> 用案例故事鼓励或改变行为

你可能觉得如此简单、缺乏想象力的故事只能在技术含量不高的环境中影响人们的思维模式。不过，我曾用类似的故事描述用蛋白质晶体学设计化合物药品的科学家，描述在香港挫败欺诈行为的银行专家，描述创造全新治疗方案的医疗护理专业人员，描述对钚进行重新包装的核专家。所有这些故事被成功用于鼓励和指导专业水平极高的员工。即使在最为复杂的领域，简单的逸事也可以发挥很大的作用。

不过，当政客和记者用故事支持争议性观点时，它们会产生不同的效果。

  1月23日星期一下午刚过3点，从伦敦西北部卡皮塔尔中学走出来的孩子们突然停止了往常的喧嚣。"所有孩子像平时一样跑来跑去，"一个邻居说，"突然，大家安静下来。我站起来，拉开窗帘，看到孩子们尖叫着四散奔逃。"

  15岁的学生夸马里·巴恩斯（Quamari Barnes）被刺数刀。他倒在距离学校大门几米远的地方。一个女人用胳膊抱着他。医疗救助人员冲到现场，将夸马里送到医院。

这是2017年《卫报》一篇谈论英国青少年持刀犯罪的重要文章的开头。夸马里·巴恩斯没有抢救过来。他死于另一个男孩的刀下，这是一个悲剧。不过，在这篇文章中，他的故事服务于一个明确的目标：一个孩子在自家学校门外被刺的开头远比关于持刀犯罪枯燥事实的均衡呈现更加引人注目。

不过，对于这个困难的政治话题来说，如此情绪化的故事是负责任的叙述框架吗？文章作者加里·杨格（Gary Younge）接下来指出，政府在青少年服务、儿童心理健康服务、治安和教育方面投入的减少是最近持刀犯罪和青少年持刀率激增的原因。"政府采取的所有行动正在使情况恶化，使积极干预的努力受到阻碍。"杨格写道。夸马里·巴恩斯的故事能够支持这些说法吗？

你可以在网上阅读这篇文章(《刀片之外:英国持刀犯罪的真相》)并且自行判断。在我看来,文章开头的故事与杨格的主要论点几乎没有关系。巴恩斯谋杀案与政府服务的减少没有因果联系。它只是一起悲剧事件,是为了长时间激起我们的情绪,使我们支持作者的观点。

开场故事是极为常见的新闻技巧,我们现在对它们已经习以为常了。我之所以选择这篇文章,是因为它精彩、微妙而有思想。其他几千篇不那么优秀的文章也在采用相同的技巧。使用故事劝说别人的不仅仅是新闻工作者。英国广播公司面向小学生的《劝说、争论和建议写作》指导提供了一个"劝说工具包",其中第一项就是故事。TED演讲的开头用一个故事强调演讲者的主题。筹款人会展示他们的工作对于某个捐赠者人生的改变。

政客喜欢在宣传新政策之前讲述一些选民生活困苦的故事。托尼·布莱尔根据一个投票者的故事改变了左翼工党的理念和性格。

> 我遇到了一个正在擦拭福特汽车的人。他的父亲给工党投过票,他说。他过去也给工党投过票。不过,他已经购买了属于自己的房子。他的生活非常好。"所以,我变成了保守党的支持者。"他说。这个给自己擦车的人说得很明白。他希望过上正常的生活。他觉得我们想阻止他。

本书讲述了许多故事,用于支持我的各种观点。在我们这个时代，一些最受欢迎的非虚构类作家写出了一些完全由引人入胜的逸事组成的书。希望证明个人观点的作家、TED 演讲者、政客、慈善机构和新闻工作者迎合了人类心理的一个基本特征：人们喜欢故事，而且认为故事具有说服力——后者更加重要。

> 故事策略 #4
> 将故事作为证据

然而，故事无法证明任何事情。它们仅仅是独立的数据点。最多，你可以将足够多的故事作为某种形式的证据。一个故事只能告诉你一起事件中的人类状态、投票行为和青少年持刀犯罪情况。将一个具体案例外推为普遍规则是一种逻辑谬误。

那么，倡导者何时可以用故事支持某种观点呢？故事的最佳用途是展示一件事情可能具有的情况，而不是证明什么结论。真实的故事可以展示可能性。左撇子死亡率的故事说明了数字可能受到的误解，它无法证明任何比这更具决定性的结论。它当然无法证明所有科学家都不了解统计学，或者所有专家都是错误的。

我是一个讲故事的人，故事可以影响和启发我的写作。不过，我会努力将故事当作数据点和例证，我永远不会将其作为某个论点的基础。在本书中，我努力向你展示有趣的思想，并用故事为其增添色彩，但是当我想证明某件事情时，我会坚持使用冰冷的数字和事实。

快乐的结局

故事具有极大的力量,它们很容易被人相信,有时是错误地相信。由于它们可以帮助我们理解复杂的世界,由于它们的结构符合古老的心理模式,因此我们往往认为它们是唯一的真相。实际上,它们可能只是真相之一。

我们一直在通过故事沟通。几乎每一天,我们都会用故事描述某个事件、解释某种情况或者预测某个结果。所以,当我们倾听和讲述故事时,我们应该记住它们所描绘的真相具有多大的灵活性。

如何应用于现实

用故事澄清事情发生的原因或可能性。

仔细选择关于某个组织的故事,以帮助该组织塑造身份。

分享关于最佳实践的逸事,以鼓励其他人做出相同的表现。

当心……

在真实事件组成的故事中捏造因果关系的误导者。

用具体故事证明普遍观点的误传者。

后 真 相 时 代

TRUTH:
How the Many Sides to Every Story Shape Our Reality

第二部分　主观真相：可以改变的真相

第六章 道德

> 杀人是被禁止的。所以,所有杀人犯都会受到惩罚,除非他们杀掉一堆人,最后吹响了胜利的号角。
>
> ——伏尔泰

在雅典时代……

在公元前4世纪到5世纪的某个时候,希腊诞生了一部著作。"对斯巴达人来说,年轻的女孩子出门或者做运动时应该光着胳膊,不应该穿短袍,但是对爱奥尼亚人来说,这是不光彩的。"不知名的作者评论道,"对色雷斯人来说,年轻女孩子的文身是一种装饰,但是对其他人来说,文身标志是对犯错者的惩罚。"文化具有多样性,这并不令人吃惊。

不过,作者接着写道:

> 塞西亚人认为,杀人者应该剥下对方的头皮,套在马的笼头上,为头骨加上金银衬底,作为饮用器具,向众神敬酒。在希腊,没有人愿意走进这种杀人者的房间。
>
> 马萨革泰人会将父母分尸并吃掉,他们认为孩子的身体是他们能够想到的最美丽的坟墓。但在希腊,如果有人做出如此可耻和可怕的行为,他会被赶出国家,死后也会遭人唾弃。

这还没完。作者说，在波斯，男人可以随意与母亲、姐妹和女儿性交。在吕底亚，年轻的女孩子应该在结婚之前做娼妓赚钱。在希腊，这样的事情会受到诅咒。

《双重论证》不是关于古代世界怪异文化的人类学调查。它是一种修辞练习，是为了告诉学生如何探索某个观点的两个方面。作者认为，好和坏不是绝对的，一个人眼中的善可能是另一个人眼中的恶。这种观点的证据存在于不同文化的不同道德观之中。我们可能认为吃掉父母是一件可怕的事情，但马萨革泰人不这样想。娼妓在许多社会是一种耻辱，但在吕底亚却是天经地义的事情。

正如作者所说，"如果有人命令所有人将他们认为不光彩的事情集合在一起，然后让每个人将他认为得体的事情从集合中取出，那么集合之中不会剩下任何事情"。

⁂

哲学家、神学家和政客很久以前就在谈论道德真理。教皇若望·保禄二世（John Paul II）曾宣布："只要美国遵循位于其历史经历核心的道德真理，它将一直是世界的自由灯塔。""基督教体现了犹太教的许多伟大精神和道德真理。"英国首相玛格丽特·撒切尔说。"公平社会应当具有的道德真理适用于所有人。"竞选共和党总统候选人的里克·桑托勒姆（Rick Santorum）说。

其他人可能不会经常使用这个相当宏大的词语，但我们往往认为某些道德观点是不言而喻的：

> 偷窃是错误的。
> 慈善捐赠是好事。
> 我们应该帮助痛苦的人。

不过，正如《双重论证》展示的那样，一个人的道德真理可能是另一个人的非主流思想。今天，我们可以在不同文化的不同道德观中极为明显地看到这一点。世界各地的不同社会在辅助自杀、性和堕胎、女性穿着、可供食用的食物、资源分配方式以及罪犯处理方式等问题上的观点大相径庭。道德观还会随着时间而变化：最近几十年，我们对于同性恋和无神论的观点发生了重大转变。善恶并不是一成不变的。

社会心理学家乔纳森·海特（Jonathan Haidt）确定了不同群体和文化在不同程度上强调的6个道德"基础"。他发现，自由主义者更加关心公平、关怀和自由，保守主义者则会用权威、忠诚和神圣来平衡这些价值观。在海特看来，我们所有人生来具有相同的道德基础，但我们的社会鼓励我们以不同形式将其组合在一起。如果存在共同的道德思想，我们对它们的使用是完全不同的。

我们可以将某种发生进化或文化变异的道德思想看作竞争性真相。和其他竞争性真相类似，道德真理可以受到操纵。有经验的沟通者——尤其是被尊为社会道德指引者的人——可以为事物、事件甚至个人赋予不同的道德意义，从而重塑我们的现实。

罪恶的植物提取物

阿达·洛夫莱斯（ada Lovelace）是数学英雄和女权主义的标志性人物。由于她为查尔斯·巴贝奇（Charles Babbage）的分析机所做的工作，一些人将她称为世界第一位计算机程序员。她也是一名瘾君子。当她出现哮喘和消化问题时，医生给她开了鸦片和鸦片酊作为止痛剂。于是，洛夫莱斯养成了一个习惯，这个习惯一直持续到她那短暂生命的最后时光。她并不是特例。在19世纪，作为鸦片的一种形式，鸦片酊被广泛用作止痛药。美国总统林肯的妻子玛丽·托德·林肯（Mary Todd Lincoln）就是鸦片酊成瘾者。塞缪尔·泰勒·柯勒律治（Samuel Taylor Coleridge）也是如此。鸦片酊的定期使用者包括查尔斯·狄更斯、刘易斯·卡罗尔（Lewis Carroll）、乔治·艾略特（George Eliot）和布拉姆·斯托克（Bram Stoker）。主张废除奴隶贸易的威廉·威尔伯福斯（William Wilberforce）喜欢将鸦片作为缓解胃肠疼痛的药物。妈妈贝利安神糖浆等基于鸦片的产品甚至被用在婴儿身上。同时，维多利亚女王（Queen Victoria）和教皇利奥十三世（Leo XIII）据说是马里安妮酒的爱好者，这种酒每盎司含有6毫克可卡因。1886年，一种基于可卡因的非酒精饮料诞生了，它被赋予了一个朗朗上口的名字：可口可乐。19世纪90年代，西尔斯·罗巴克推出了1.50美元的可卡因套件，包括一瓶可卡因和一支皮下注射器。

当时，人们并不认为鸦片和可卡因存在道德问题。来自植物的兴奋剂和致幻剂已经在地球上的几乎所有文化中使用了几千年。

让我们快进到20世纪下半叶。此时，在好莱坞电影中，没有比毒贩更可恶的恶棍了。就连以敲诈、勒索、恐吓、拷打和谋杀为乐的黑手党老大维托·柯里昂也与毒品划清了界限。毒品使用者也好不到哪里去：洛杉矶警察局长达里尔·F.盖茨（Daryl F. Gates）在1990年的参议院听证会上说，吸毒者"应该被拉出去枪毙"。他后来补充说，吸毒是"叛国罪"。在几十年时间里，这些传统植物提取物从具有重要医学价值和娱乐价值的道德中性物质转变成了纯粹的邪恶化身。

为什么会这样？这件事是如何发生的？

英国早期法律认识到了这些物质非常真实的健康风险，要求将鸦片和可卡因标记为毒药，但是二者并没有被禁止。19世纪末，美国巨大的成瘾率增进了人们对于滥用药物潜在风险的理解。不过，到了1906年，在美国医学协会，刚刚发明的海洛因仍然获得了药用批准。在整个社会，人们认为使用鸦片或可卡因是不明智的，但是并没有将其与道德联系起来。

接着，一切都变了。

在20世纪最初的几十年，人们引入了国际条约和法律，以控制毒品的生产、贸易和使用。"与此同时，各国政府共同参与了妖魔化毒品和毒品使用者的运动，这场运动得到了纸媒和广播的强烈支持……和美国一样,欧洲反毒品宣传强调了危险物质、'边缘群体'威胁和犯罪之间的联系。"中欧大学比较政治学教授朱利亚·巴克斯顿（Julia Buxton）写道。

麻醉剂与"边缘群体"——少数族裔、同性恋者、艺术家和后来的反战抗议者——的关联是禁毒历史中一个非常讨厌的主题。1914年,《纽约时报》的《黑人可卡因"恶魔"是新的南方威胁》一文详述了"下层黑人"之中普遍存在的"谋杀和精神失常"。宾夕法尼亚州药物委员会领导人克里斯托弗·科克（Christopher Koch）宣布:"针对南方白人女性的大多数袭击是黑人吸食可卡因的直接结果。"美国鸦片专员宣布,可卡因"在白人奴隶贸易中被用于腐化年轻的女孩子"。《家政》杂志耸人听闻地宣布:"有肤色的老人以'雪花'或'焦炭'的名义将可卡因卖给课间休息的学生。"

苏珊·斯毕克（Susan Speaker）在《社会历史杂志》中写道,在20世纪20年代和30年代,"作家经常将毒品及其使用者和销售者描述成'恶魔',并且经常宣布或暗示,一个巨大的罪恶阴谋试图通过毒瘾破坏美国社会及其价值观"。

此后,美国继续领导着针对毒品的宣传攻势,这种偏执在尼克松和里根执政期间出现了明显的高峰。南希·里根（Nancy Reagan）在"说不"运动中宣称:"毒品罪犯很聪明……他们每天都在努力谋划新的、更好的方法,以便偷走我们孩子的生命。"在2016年为《哈珀》杂志撰写的文章中,丹·鲍姆（Dan Baum）

引用了理查德·尼克松国内政策顾问约翰·厄利希曼（John Chrlichman）的话，揭露了一件不同寻常的事情：

> 尼克松的白宫……有两个敌人：反战左派和黑人。你知道我在说什么吗？我们知道，我们不能宣布反战人士或黑人是违法的。不过，如果让公众将嬉皮士与大麻联系起来，将黑人与海洛因联系起来，然后严厉打击这两种毒品，我们就可以瓦解这两个群体。我们可以逮捕他们的领导人，袭击他们的住所，打断他们的会议，每天在晚间新闻上诋毁他们。我们是否知道我们在毒品问题上撒了谎？当然知道。

为了将麻醉剂描绘成邪恶物质，政客、执法官员和新闻工作者付出了大量努力。2017 年，当日益严重的鸦片危机困扰美国时，司法部长杰夫·塞申斯（Jeff Sessions）宣布，他对吸毒者更加严格的审判计划是"正义而合乎道德的"。几十年来，数百万人遭到关押，这对他们的就业前景、家庭和心理健康造成了严重后果。其中，很大一部分人仅仅由于持有毒品而遭到监禁，尤其是在美国。

道德策略 #1
妖魔化

虽然特朗普政府对于毒品态度强硬，我们整个社会的态度还是出现了某种反转。毒品合法化的倡导者要求将毒瘾重新界定为需要治疗的健康问题,而不是应当惩罚的道德污点。目前对鸦片上瘾的 200 多万美国人需要的不是谴责,而是帮助。奥巴马总统的禁毒官员吉尔·克日利科斯基(Gil Kerlikowske)2013 年传达了这样一条消息:"我在执法领域度过了整个职业生涯。在这 37 年中的大多数时间里,和大多数人一样,我相信,对毒品上瘾的人存在道德问题——他们存在缺点,意志薄弱。我想错了。毒瘾不是道德缺陷。"

作为回应,禁毒支持者正在尝试以更具现代气息的新方式将吸毒者描绘成坏人。他们说,毒品购买者维持了毒品贸易,这对毒品供应国和传输国造成了巨大的社会和生态破坏。消费者对于全球有害供应链的责任是毒品道德战争的最新战场。

正义还是邪恶

我们很难想象吃人在道德上会被某些人接受,但这是事实:我们很难想象某些人会由于同性恋被判处死刑,但这也是事实(在一些地方,这种现象依然存在)。我们的祖先会对我们在毒品问题上的道德恐慌感到困惑,我们的后代可能也会有相同的感受。不同的道德真理适用于不同时期和不同社会。

此时,你可能会对我的道德相对主义感到很不适应,你可能会说:"我们知道,不管是现在还是过去,同性恋都不是不道德的!"或者,如果你生活在某些社会,你可能会说出相反的观点。不管怎样,你可能会强烈反对另一种道德观点。这就是道德的问题:不管我们认为道德是心理适应结果、社会建构还是上帝制定的宇宙法则,在我们生活的世界上,总是有一些人持有和我们完全不同的道德观念。对他们来说,他们的道德真理是合理的,正如我们的道德真理对我们来说是合理的。

⁂

关于长期存在的问题,你甚至很难想象不同的道德真理。如果你坚信毒品是邪恶的,那么别人可能无法说服你相信相反的观点。在我们还没有形成固定观念的问题上,我们可以更加清晰地看到道德真理可能具有的灵活性。

活体器官捐赠似乎是令人敬佩的行为,尤其是对于陌生人的无私捐赠。不过,通过社交媒体的捐赠呢?传统上,极为慷慨地将肾脏或一部分肝脏捐献给陌生人的个体无法选择捐赠对象。现在,有了脸谱网和 MatchingDonors.com 等专门的平台,你可以在网上搜索需要器官的合适患者,选择你所喜欢的候选人。捐赠者可以根据家庭情况、出身背景、职业、种族、信仰或外表来选择捐赠对象。为什么不可以呢?如果你准备牺牲一个肾脏,为什么不能把它提供给那个刚刚获得哈佛奖学金的漂亮的白人基督教女生呢?

也许是因为这对于不太上镜、缺少精彩叙述技巧、在社交媒体上存在感不强、不善于在网上宣传自己的病人不公平,也许是因为通过选美的形式决定生死问题极不公平,也许是因为具有煽动性的YouTube视频会鼓励一些人做出令他们后悔的事情,也许是因为它破坏了几十年来对捐赠者和受捐者进行有效匹配的成熟的移植制度。

健康专业人员显然认为这件事存在道德问题。许多临床团队拒绝为通过社交媒体联系上的合适的捐赠者和受捐者实施移植手术。他们的拒绝是否符合道德?如果这种原则立场导致受捐者死亡呢?

这是我们需要解决的新的道德困境。也许,每个社会最终都会得出一个关于社交媒体器官捐献的道德真理,这个真理会被大多数人遵守。这个真理的具体内容仍然有待观察,但它很可能会受到媒体或社交媒体运动提出的竞争性真相的影响。

我的群体是对是错

我们大多数人属于政党、企业、学术机构、体育俱乐部、住宅小区或信仰组织等群体,我们往往会接受这些群体的主流道德真理。在出现道德争议时,我们会服从群体里大多数人的反应。如果我们所在政党的其他人在推特上支持在机场被拒的穆斯林,我们可能也会发布同样的推特。如果我们所在社区认为堕胎是谋杀,我们可能也会加入反堕胎抗议。道德真理将群体维系在一起——实际上，进化生物学家倾向于认为，道德是进化而成的鼓励群体内部合作的心理机制。如果一个群体的不同成员开始采纳不同道德真理，那么道德的合作功能就会蒸发，群体就会受到破坏。因此，遵守群体道德真理的"同侪压力"（peer pressure）在每个文化中都很强烈。

当我们的群体在某个道德问题上的立场受到挑战时，即使我们开始产生怀疑，我们也会为这种立场辩护，以便保护群体，证明自己作为群体成员的合法性。我们甚至可能根据我们与其他群体相冲突的道德真理定义我们的群体。这种"我们和他们"的道德区别将不同社会进一步割裂开，尤其是当我们认为其他群体"不道德"，因而应当受到攻击时。

一些群体可能持有与社会上的其他人完全不同的道德真理。这种道德错位可能是相对隔离的群体逐渐变化的结果，但它在更多时候是领导者或意见领袖故意设计的，这些人出于某种原因希望将群体引向某个道德方向。在基督教所依赖的一组故事中，耶稣劝说跟随者采取不同于犹太社会其他人的观点。在耶稣通过"转过另一边的脸"[1]用原谅代替公正之前，"以眼还眼"似乎是非常公平的做法。强大的沟通者可以鼓励整个群体接受新的道德真理。

---

1 耶稣说，有人打你的右脸，你应该连左脸也转过来由他打。——译者注

> 道德策略 #2
> 影响群体道德

有一条完全可以被称为宇宙道德法则的道德真理，那就是我们不应该互相残杀。不过，大多数社会都在依靠一群愿意杀人的同胞来维持秩序。我们将这些人称为士兵，并且向他们灌输这样一个道德真理：在某些情况下，杀人是正当的。这并不容易。S. L. A. 马歇尔准将（Brigadier General S. L. A. Marshall）在二战期间进行了一项研究，发现只有不到 1/4 的美国士兵在战斗中使用过武器。他写道："战斗失败最常见的原因不是被杀的恐惧，而是杀人的恐惧。"

今天，士兵受到了多种形式的杀人训练。在训练中，他们反复对着假想敌的形象进行刺杀和射击。他们需要练习攻击，还需要暴露在残酷的环境中。不过，杀人的道德重构是通过语言完成的。他们使用不同的词语——战场上的杀戮不是谋杀——实际上，它有时甚至不是"杀戮"；士兵们更愿意谈论"打击"或"放倒"敌人。杀死一个有能力杀死你的敌方士兵被称为自我防御。说到底，这种行为是一种公共责任。美国西点军事科学院哲学导师皮特·基尔纳（Pete Kilner）写道："士兵在战斗中杀死敌方士兵不仅在道德上是被许可的，而且他们拥有使用必要武力保卫本国人民权利的道德义务。"

⁂

公共卫生官员持有与大多数医生和护士不同的道德真理。这些需要考虑疾病流行和大范围卫生挑战的公仆必须为全体人民的利益制定有关风险和资源的决策,临床领域的专业人员则专注于个体的健康和幸福。因此,公共卫生官员可能会选择定量供给昂贵药物,限制抗生素,限制人身自由,强制隔离接触过传染源的人,尽管一些病人会因此而受苦。相比之下,医院的医生会尽量避免伤害每个病人或者让他们受苦,尽管这会给他们的社区带来代价或风险。如果医生在开药时将社区置于病人之上,抗生素的耐药性问题就不会变得如此严重了。

世界卫生组织、疾病控制和预防中心以及世界各地类似的公共卫生机构有数千名工作人员。为了把工作做好,他们需要持有——或者形成——将群体利益置于个体利益之上的道德真理。在极端情况下——比如埃博拉爆发——这可能意味着让一些人死去,以便保护多数人。大多数人会远离相信这种实用主义道德真理的家庭医生。

心理学家乔舒亚·格林(Joshua Greene)领导的一个哈佛研究团队调查了公共卫生专业人员对于一系列道德困境的回应,发现同医生和其他人相比,这些人通常会采取更加现实的策略。在研究人员呈现的假想场景中,公共卫生专业人员更愿意为了挽救一些人而伤害或杀死一个人。

即使在公共卫生社区内部，也存在竞争性道德真理。在发达国家，吸烟和不良饮食是极大的公共健康威胁。一些公共卫生官员相信，通过强制措施限制相关疾病是合乎道德的，包括收税以及不向吸烟者和肥胖者提供公共资源。另一些人信奉自由哲学家约翰·斯图尔特·穆勒（John Stuart Mill）的道德指导。穆勒认为："在文明社区，对任何成员实施违背其意志的权力的唯一合理目的是阻止对其他人的伤害。这些成员本人身体或道德上的利益不足以作为行使这种权力的理由。"这个群体倡导通过禁烟减少被动吸烟，但是不建议改掉人们的坏习惯。他们不支持通过任何强制措施改变成人饮食，他们更加专制的同事则可能要求征收糖税或者为酒精制定最低价格。关于公共卫生政策应该寻求减少卫生不平等还是仅仅优化整体公共卫生状况这一社会公平问题，人们存在更多的道德分歧。

※

我们可以理解为什么士兵和公共卫生官员需要接受不同于其他人的道德真理。实际上，这是我们对他们的要求。在其他例子中，一些群体道德真理受到了整个社会的憎恨。

由于一个似乎普遍存在于世界许多警察队伍中的群体道德，南约克郡警署受到了严厉批评。在1989年的希尔斯堡球场惨案中，96人死于一场足球赛。事后，南约克郡警署反复掩盖警方在事件中的失误，试图将"人员踩踏"归咎于无法无天的酗酒球迷。警察似乎认为，对同僚的忠诚比真相和公正更加重要。在美国，这种重视忠诚胜过真相的警察道德准则被称为"沉默的蓝墙"。

认为说谎的警察合乎某种道德的想法也许是天真的。不过，我不相信人们接受这份危险而重要的工作是为了作恶。更加合理的解释是，一些警官认为保护同事是最主要的道德义务——是正确的事情——不管他们需要做出多大的道德牺牲。

对于一些警察来说，如果能将自己心目中的罪犯绳之以法，即使发誓说出谎言，在道德上也是可以接受的。"警察在法庭上经常为了证明非法毒品搜查的合法性而作伪证……在美国各地的法庭上，这是一项例行公事。"前旧金山警察局长彼得·基恩（Peter Keane）说。也许是为了真诚地确保将坏人绳之以法和保护同事，这个困难而危险的职业的道德文化已经堕落到了这种地步。一些警官眼中的道德真理是，真相并不重要。

道德策略 #3
让道德变得不重要

商业领域出现了同样令人担忧的群体道德。在这里，问题不是一种道德是否胜过另一种道德，而是道德本身是否适用。一些公司似乎鼓励员工相信，被社会上大多数人谴责的行为在道德上是中性的。它们在道德上谈不上好，但也谈不上坏。

在承认用非法基金行贿后，西门子经理莱因哈特·西卡切克

（Reinhard Siekaczek）被判行贿罪。他说："我们都知道我们的行为是违法的。我并没有从道德角度考虑问题。我们这样做是为了公司。"

安然公司经理欺骗了股东和税收官员，扰乱了重要的能源供应。大众汽车工程师在保护公众健康的排放测试中做了手脚。奥迪布里切特公司的经理向政客行贿。劳斯莱斯员工在20多年时间里一直采取行贿销售策略。富国银行员工开设了超过300万个无授权账户。神户钢铁经理伪造了用于飞机、火车、汽车甚至太空火箭的金属产品质量控制数据。这些知名公司的员工也许一开始并不想作恶，但他们逐渐相信，他们的行为在公司环境中是被许可的。

投资银行家通常会努力遵守法律，遵守金融监管机构制定的大量复杂规则，但是他们中的许多人认为自己并没有其他任何道德义务。如果他们可以通过损害客户利益合法赚钱，他们中的许多人就会这样做。在《纽约时报》2012年的文章《我为什么离开高盛》中，资深银行家格雷格·史密斯（Greg Smith）在谈到他的同事时写道："大家无动于衷地谈论自己对客户的剥削，这使我感到很不舒服。"乔里斯·卢因迪克（Joris Luyendijk）采访了伦敦市不同银行的数百名员工："在风险控制、法律部门和内部审计领域工作的银行员工告诉我，他们一直在面对的问题是，如何在规则之下钻空子……银行家只想知道他们的行为是否合法。如果合法，他们就不会讨论其他事情了。"

⁂

每个群体形成了一套与社会其他成员相去甚远的道德真理。所以,道德真理是主观的和可变的,改变自身道德真理的群体会采取与其他人完全不同的做法。我们需要愿意杀戮的士兵和重视群体利益的公共卫生官员,但是当我们依赖的其他群体在道德真理上与我们相去甚远时,我们自然会感到担忧。

企业领导人也应该关心此事:不管鼓励员工接受其他道德真理带来怎样的短期利益,如果人们认为一家公司偏离了整个社会的道德真理,这家公司最终就会在品牌价值、招聘和政府关系上付出巨大代价。这在社交媒体时代尤其适用。如果人们发现一家组织的员工漠视社会主流道德真相,该组织的名声就会迅速受到影响。

当有害的群体道德真理出现时,我们需要努力改变它们。

培育道德

洛杉矶非异性恋中心率先使用了一项宣传策略,让人们参与到对话中,鼓励他们采取与自身不同的视角。现在,这种方法的效果得到了科学验证。在一项研究中,56名游说者和501名户主进行了交谈,每个人的交谈时间是10分钟左右。他们讨论了变性人受到的不公正待遇,并与户主本人受到的不公正待遇进行了比较。研究人员发现，采访过后，这些户主对于变性人的态度发生了明显而持久的改变。

通过鼓动受访者的同理心，洛杉矶非异性恋中心的倡导者改变了道德真理。这种技巧的诞生远远早于非异性恋运动。长期以来，哲学家和神职人员一直试图通过站在他人的立场上来改变自己的道德真理。20世纪哲学家约翰·罗尔斯（John Rawls）认为，确定公平原则的唯一公平途径就是戴上"无知之幕"：如果我们不知道我们在社会上扮演的角色——男人或女人，黑人或白人，罪犯或狱卒，富人或穷人——我们就可以更好地决定我们所有人都应该服从的原则。"无知之幕"思想实验迫使我们想象身为不同角色的情况。正如戏剧导演理查德·艾尔（Richard Eyre）所说："改变始于理解，而理解始于认同别人，即同理心。"

对于任何希望改变组织内部道德文化的领导者而言，同理心都是一个重要工具。如果警长决定改变忠诚和真实之间的平衡关系，他可以让警官们思考他们的谎言对于他们保护的人可能带来的后果。如果一名警官被迫在较长一段时间里思考和谈论由于警察的谎言而被错误监禁或受到不公正排斥的人的感受，那么他未来就不太可能说谎，即使这种谎言是为了支持同事。这不是万能良方：一些警官不能或者不会同情罪犯，或者不愿意真正改变自己的行为。不过，即使是少数人观点的改变也会产生影响，使同事的道德真理逐渐发生转变。《骄傲》《长靴》和《猜猜谁来吃晚餐》等电影展示了一两个早期行动者如何改变整个群体的偏见——或者说道德真理。

另一种方法是重新定义群体内部的价值观。投资银行家、资产管理者和交易员往往最关注业绩。这可能体现在交易规模、基金价值、回报风险比率等简单指标上，但它也可能被定义为胜利——对于竞争对手或者监管机构的胜利，后者很令人担忧。当银行家羡慕那些战胜监管机构的同行时，他们的机构已经走上了危险的道路。如果一家银行在文化调查中发现了这种趋势，领导者需要努力调整该组织的价值观，银行需要根据其希望宣传的道德品质重新定义业绩。它们需要让员工争取以合乎道德的方式获得大单，而不是用客户资产来冒险赚取利润。我们将在下一章考察如何改变关于合意性和吸引力的真相。

有时，你可以用证据支持新的道德真理。我们可以展示当前工作方式对于人们自身利益的损害，从而说服他们改变行为。对于具有分析头脑、不太容易接受同理心干预的人来说，这常常是最有效的策略。在一家实施重大文化转型计划的制造企业，我收集了几十个故事，这些故事详细讲述了已经接受全新道德真理的员工是如何取得更好结果的。面对这些故事，具有分析头脑的怀疑者采纳了新的道德真理。

最后，对于没有同情意愿或者不愿意接受新定义和智力辩论的人来说，你还可以使用最后一个以古典伦理学为坚实基础的技巧。"道德是习惯的结果，"亚里士多德写道，"我们的所有道德都不是自然出现的……我们通过公正的行为变得公正，通过温和的行为变得温和,通过勇敢的行为变得勇敢。"换句话说,通过这些行为,我们可能会成为我们所扮演的角色。这件事不会立即发生,但是如果我们日复一日强迫自己做出合作或慷慨的表现,我们的习惯最终就会内化成道德真理。

对于陷入道德困境的组织的领导者来说,这意味着什么?如果亚里士多德是正确的,对正确行为的激励最终会使员工形成正确的思想。对于理想道德真理遵守者的提拔和奖励会使这个道德真相逐渐根植于整个组织之中,不管犬儒主义员工最初的态度如何。所以,当其他一切办法失效时,你应该激励你的员工,使他们的行为符合你希望鼓励的道德真理。伪装的品德完全有可能转变成真正的品德。

从古希腊到古希腊

在关于道德真理的讨论中,我们从《双重论证》绕回到了亚里士多德,这不应该使我们感到吃惊。希腊人花了许多时间思考良好生活意味着什么。品德被视作人类幸福的重要组成部分。不过,就像我们看到的那样,关于什么是美德和善良,人们从未明确达成一致。

我们的道德真理应该由我们这个社会定义和统一。随着思想和科技的发展,随着疑难案例的出现和少数群体利益的日益突显,道德真相一定会转变和进化。面对日益互联的社会和大量通信工具的出现，我们每个人面临着参与塑造社会道德真理这一前所未有的机遇。我们可以提出考虑古老道德困境的新方式，或者支持改变传统道德真理的运动。当领导者试图将我们带回被我们视作古老偏见的道德真理时，我们可以大声地、坚决地抵制他们。

我们选择传播的真相将决定我们周围人的行为。为避免将监狱资源毫无意义地浪费在吸毒者身上，为避免警官谎言导致的不公正，为避免唯利是图的银行家带来的金融不平等，为避免其他许多危害社会的结果，我们必须仔细选择道德真理，并以合适的方式将其传达给别人。

如何应用于现实

认识到道德是主观的，具有破坏性的群体道德可以得到改变。

通过同理心、激励、逻辑论证以及关于合意性的新定义灌输新的道德真理。

当心……

对于道德中性事物和人群进行妖魔化的误导者。

支持某种对社会有害的道德真理的群体。

第七章　吸引力

> 己之蜜糖，彼之砒霜。
>
> ——卢克莱修（Lucretius），《物性论》

品味的彩虹

我们可能会根据我们所认为的善恶道德采取行动，但是对许多人来说，喜好是一个更大的动力。我们渴望美味食物和最新时尚，为了去国外度假而长时间工作，为了回避某些人而走到马路对面，为了逃避令人不快的味道而离开房间。我们被激发快感、兴趣或兴奋的事物吸引，排斥激发仇恨、恐惧或厌恶的事物。这些情绪对我们的激励作用远远超过了其他大多数心理驱动力。仇恨可以驱使我们恐吓和杀人，兴奋会使我们承担不同寻常的风险，恐惧会使我们瘫痪，激情会使我们超越想象的极限。

不同情绪以不同方式激励我们。为简便起见，我们可以将吸引我们接近刺激源的积极情绪集合在一起，称这种激励源是"有吸引力的"。我们可以将引发负面情绪的激励源称为"无吸引力的"。

❖

过去，男人的鞋子很长。这种被称为普莱纳（Poulaine）的鞋子拥有长长的鞋尖，从脚趾处向前延伸50%的脚面长度。一些鞋尖需要用丝线或银链与膝盖相连。穿这种鞋走路很困难，而且几乎无法爬楼梯。不过，欧洲各地的中世纪贵族和商人愿意忍受这些不便，因为他们很喜欢这种鞋。

另一方面，一些同时代的人非常讨厌普莱纳。一些人将其视作奢侈浪费和颓废堕落的证据，另一些人认为它们象征了在神权社会里没有地位的阳物。因此，它们遭到了禁止。法律将脚尖长度限制在 5 厘米以内。今天，提供这种鞋子的零售商会受到我们的嘲笑：谁会穿着限制行走的鞋子呢？不过，我们却拥有对于高跟的奇特偏好。200 年后，我们的后代会如何看待 15 厘米高的细跟高跟鞋呢？

⁂

时尚是愿望主观性和可变性的最明显体现。从香脂醋和大肚猪到男子乐队和白边轮胎，不同的人在不同时期对于各种事物存在不同的品味。一些人喜欢四轮驱动汽车、草坪、狼、枪支、Snapchat、飞机、趣味铃声、工作早餐、匿名协会、慢跑、名人和微波炉，另一些人则讨厌这些事物。你眼中的理想事物在其他人眼中并不理想。因此，当你在别人的鼓励下做出购买、支持、宣传或建设的决定时，其他人会采取完全不同的行动。

但是，一定有一些事情是我们所有人都能达成共识的，即吸引力频谱上的绝对值，不是吗？毕竟，没有人喜欢寨卡病毒，谁又能抗拒刚刚出生的小猫呢？

也许吧。不过，吸引力的易变性远远超出了最热情的时装设计师的想象。

失败成了一个选项

卡斯·菲利普斯（Cass Phillipps）比大多数人更加理解企业活动市场。她宣称，在她组织的所有会议中，没有一场会议赔过钱。2009年，她在旧金山发起了过去几十年无法想象的一日会议。此次"失败会议"专门用于纪念——至少是研究——失败。

硅谷充斥着互联网初创企业，其中许多企业遭遇了失败。菲利普斯意识到，这些失败的教训也许可以令其他企业家受益。首次失败会议吸引了超过400位出席者。该年度会议已经成了北加利福尼亚的另一个成功故事，并被引入到世界各地。不管在哪儿，人们都在日益关注失败。

这应该是在我们有生之年里最不可能出现的吸引力转变之一。几千年来，失败一直是一件坏事。即使是重新站起来并取得成功的人也不喜欢最初的失败。不过，在许多组织和行业里，失败正在受到庆祝，因为它使失败者获得了经验和品质。

招聘者会挑选失败过的企业家，认为他们是"冒险者"和"创新者"，能够为需要一点颠覆的古板企业带来不同视角和态度。失败者现在成了当红俱乐部的成员。他们的失败越严重、越痛苦，他们在俱乐部里的排名就越高。他们谈论"在失败中前进"，即失败使他们的职业生涯变得更好。

之前充斥着《努力：如何在事业和人生中取得成功》这类标题的书架和报纸现在出现了许多类似于《失败的礼物》和《如果成功的秘密是失败》的文章和书籍。在许多情况下，人们认为失败会导致更好的实践、更加清晰的思维和更有想象力的解决方案。鼓励员工勇于承担失败可以避免未来更大的问题，引入更加有效的过程和工作方式。有过一次失败的人可能不会特别害怕再次失败，因此更加愿意尝试未被证明的事物。

这不是什么新思想。礼来制药公司从20世纪90年代开始举行"失败派对"，以纪念那些做得很好但却没有任何成果的研究工作。管理大师汤姆·彼得斯（Tom Peters）在大约同一时间开始督促企业领导者"接纳失败"。温斯顿·丘吉尔认为："成功是不丧失热情地从失败走向失败。"

过去，失败从未被描绘成如此迷人的色彩。许多技术人员和企业家将失败看作开启大门和加速成功的必经之路。"失败剖析"的博文成了身份的象征。硅谷口号"迅速失败，经常失败"正在扩展到其他行业和地区。一种关于失败的全新公司文化正在形成：商业模式遭遇失败的公司可以"转移"到其他模式上；产品可以"微调"，工作方式可以"重新发现"。设计咨询公司IDEO采用了"经常失败，以便及早成功"的口号。对一些人来说，破产是荣誉的标志。

这个关于失败吸引力的全新真相在许多地方胜过了"失败常

常会给多方带来巨大成本"这一更加古老、更加刺耳的真相。每一个在失败会议上敞开心扉并且受到喝彩的企业家背后通常都有一系列在失败的投资中损失上万甚至数百万美元的投资者。一些员工失去了工作,一些消费者永远无法收到已经付款的商品,一些合伙人永远无法获得毁约补偿。

英国石油前老板约翰·布朗(John Browne)曾尖锐地指出,对一些公司来说,"失败只是形式稍有不同的成功"。在布朗离开以后,英国石油的管理失败在墨西哥湾导致了我们这个时代最可怕的环境灾难之一。失败可能意味着毁灭、痛苦和死亡。"经常失败"在空中交通管制和心脏手术行业可不是一个很好的建议。

失败很好吗?和其他许多事情一样,这取决于上下文。不过,我们的祖先可能会对这个问题本身感到吃惊。

农场生活

若要列出使现代生活成为可能的伟大创新,我们一定会在提名电力和互联网之前首先承认农业对于人类的极端重要性。虽然许多城市居民很少考虑供养他们的玉米、小麦和大米地,但是如果没有农业带来的任务分工和社会结构,我们就无法取得其他成就。在开始种植农作物之前,大多数人需要用每天的一部分时间采集食物或狩猎。只有当农业带来粮食剩余时,我们这个物种才得以兴旺发展,许多人才得以专门从事建筑、贸易、战斗、投资、传道和统治等工作。

农业当然是很理想的。

大多数农业实践者并不这样认为，这是尤瓦尔·诺亚·哈拉里（Yuval Noah Harari）在《现代人》一书中提出的观点。他颠覆性地将新石器时代农业革命称为"历史上最大的欺骗"，因为它"使农民过上了比觅食者更加艰难、更加缺乏满足感的生活"。他认为，农民的工作时间比祖先更长，饮食也更加糟糕。狩猎采集者可以享受具有多样性的食物，包括浆果、坚果、肉类、鱼类、水果、根菜和蜂蜜，但农民常常主要食用单一作物。这使他们更容易受到疾病、气候变化和敌对部落的伤害，三者都可能影响重要的收成。狩猎采集者的生活方式比较适合人类的身体和心理。我们天生适合爬树、探索、追逐和发现。我们的身心不太适合锄地、清理石头、运输粪便以及其他所有重复、无聊、累人的农业劳动任务。不过，这正是许多人在过去一万年的大部分时间里不得不做的事情。

从他们的角度看，农业是一件极其讨厌的事情。

另一方面，农业支持了精英的发展，将少数人从喂养自己的苦役中解放出来，使他们专注于建设军队、发展宗教和赞助艺术家。对于不需要接近农业生产的精英来说，农业一直是一项神奇的发明。

我们这些过着中产阶级生活的人应该为经历数千年巨大痛苦的祖先心存感激，因为他们的努力使我们认为理所当然的所有舒适和快乐最终成为可能。有了机械化农业、现代植物基因学和农业化学，我们可以用极小的成本获得我们需要的所有营养。不过，世界各地仍然有许多手工农业劳动者，他们的生活比狩猎采集者更加悲惨。

根据愿望行动

农业和失败的例子说明，即使是表面上看起来普遍被人接受或者普遍不被接受的事物也可以被描绘成完全不同的色彩。这并不是个例。维多利亚时代的许多绅士喜欢骑士战争，向往着传说中根据严格荣誉准则进行战斗的中世纪骑士，尽管当时克里米亚战争的恐怖正在席卷全欧。皮耶罗·曼佐尼（Piero Manzoni）成功地使自己的排泄物受到了一些圈子的追捧，他为90罐排泄物贴上了"艺术家之屎"的标签，宣布它们是艺术品。今天，一些人指出，知识可能是一个坏东西，因为它可以使我们过多地了解自己未来的疾病和死亡，或者使我们知道其他地区的人过得有多好。这两种知识都会使我们变得不快乐。一些科学家指出，家庭过度清洁可能是哮喘等自身免疫疾病和过敏疾病多发的原因。如果农业、卫生和知识可以被视作坏事，战争、粪便和失败可以被视作好事，那么愿望的主观性似乎不会有什么界限。

正如莎士比亚在《哈姆雷特》中所说："事物本无好坏之分，事物的好坏来自思想。"

或者，换一种说法，几乎任何事物的吸引力都存在竞争性真相。

在晴朗的地方度假当然比汽车事故更加理想。不过，度假的吸引力取决于你的视角，汽车事故也是如此。也许假期会使你在重要节点上离开你所喜爱的工作，也许汽车事故可以帮助你认清生活重点，过上更加充实的生活。吸引力永远不是一成不变的。

由于吸引力是主观的，因此你可以用合适的竞争性真相改变它。化妆品牌多芬用"真实美人活动"挑战了关于物理吸引力的传统观念。在一系列公告牌广告中，一名老年女性旁边出现了"灰发？"和"华丽？"两个选项，一名雀斑女性旁边出现了"瑕疵？"和"无瑕？"两个选项。该活动指出，我们可以改变对于他人和自己的审美观。

由于我们关于吸引力有无的观点对于我们的行为具有很强的驱动力，因此合适的竞争性真相会极大地影响我们的行为。当我们试图改变我们的生活时，这是很有用的。理论上，我们可以对我们想要的理想事物进行选择，并且推动其他人朝着相同的方向前进。

谁想要曲奇饼

肥胖正在要我们的命。

世界各地的人们正在食用过多的错误食物，这为全球健康灾难打下了基础。超过20亿人处于超重或肥胖状态。超过3.4亿5～19岁的儿童和青少年超重或肥胖，占这一年龄群体全球人口的18%，而在1975年，这个比例只有4%。这不再是富裕世界的独有问题：超过1 000万非洲儿童处于超重或肥胖状态。高达20%的全球医疗保健支出被用于肥胖问题，包括预防和治疗肥胖或者相关疾病，比如心脏病和二型糖尿病。政府预算正在像腰围一样危险地膨胀。

这个无法回避的问题是高脂肪高糖分食物造成的。我们选择这类食物的一个原因在于，它们通常比更有营养、脂肪较少的食物便宜。另一个驱动力是味道：我们觉得这些食物比扁豆、甘蓝和芹菜更加可口。实际上，研究表明，我们不仅认为不健康的食物更加可口，而且更喜欢吃被我们认为不健康的食物。

对抗肥胖最常见的策略是通过奖励或惩罚诱导我们回避可口的食物。一些国家通过征收糖税以及其他管理措施激励食品制造商减少脂肪和糖分的含量。基于自我克制的饮食计划已经发展了几十年。父母将西兰花隐藏在意面酱中，或者承诺提供甜食奖励，以便让孩子摄入西兰花。这些策略似乎都不太奏效。虽然每年有数十亿美元被用在饮食计划、替代食品和泻药上，但是肥胖率仍然在持续上升。

更加成功的方法是改变我们对于低糖低脂营养食物的看法。我们需要让好东西产生吸引力。

> 吸引力策略 #1
> 劝说人们喜欢对他们有益的事物

一系列迷人的实验展示了人类大脑在受到合适激励时多么容易改变品味。研究人员让被试者品尝两杯相同的葡萄酒,并且宣称两个杯子里装的是价格不同的产品。被试者表示,在饮用他们所认为更加昂贵的葡萄酒时,他们感到更加快乐。这不是想象的作用。当他们在功能性磁共振扫描仪中进行同样的实验时,饮用他们所认为的昂贵葡萄酒的被试者大脑中与快乐体验相关的区域出现了更加活跃的神经活动。和"真实"艺术品的例子一样,他们的确更加享受这种味道。巧克力实验也得到了相同的结果。

看起来,当我们拥有享受预期时,我们更容易享受某种事物。这一现象适用于从电影到啤酒的各种消费品,被称为"营销安慰剂效应"。这是因为,从生物学上说,快乐本身不是目的,而是一种机制,是为了劝说我们追求对进化有用的目标,比如食物和性。这种机制可以得到重新校正。

"大脑之所以提供快乐,是因为它可以让人知道哪些活动应该重复、哪些活动应该回避,要想做出良好的决策,你需要对经历质量做出良好的衡量,"葡萄酒研究的参与者之一安东尼奥·兰格尔(Antonio Rangel)说,"作为改进这种衡量的途径,将关于经历的其他信息来源添加进来是合理的。特别地,如果你在认知上确信某种经历是好的(也许是因为过去的经历),那么将其添加到你目前对于快乐的衡量之中就是合理的。"此时,较高的标价会使人相信,他们将会品尝到美味的葡萄酒——于是,他们真的品尝到了美味的葡萄酒。

这意味着如果你能说服自己相信西兰花很好吃,你就会发现西兰花真的很好吃,你的前额叶皮层也会真的出现与快乐相关的神经活动。对于对西兰花具有固定看法的成年人来说,这项技巧很难实施。不过,如果我们接受这个研究结论,我们也许可以更好地鼓励孩子接受健康饮食。我们并不是出生时就知道我们喜欢吃什么;这是我们从父母和周围人那里学到的。通过奖励或恐吓方式让孩子吃绿叶蔬菜或者将蔬菜藏在沙司和蛋糕里的标准技巧只会强化"健康食物很难吃"的预期,使之成为自我实现的预言。相反,如果父母和其他健康饮食倡导者能够传达"健康食物很美味"这一竞争性真相,那么根据葡萄酒实验,孩子可能真的会发现它们很美味,并且形成持续一生的健康饮食习惯。

我完全承认,这件事说起来容易,做起来难。不过,研究表明,如果在蔬菜旁边画上蔬菜的卡通人物形象,或者赋予蔬菜吸引人的有趣名字,比如"透视胡萝卜",那么小学生就会自愿食用更多蔬菜。父母可以充当孩子的榜样,热情地谈论菠菜和糙米,将孩子最喜欢的玩具或布娃娃与花椰菜联系起来,将蘑菇和核桃作为奖励。

我们也许可以对我们自己的大脑使用相同的魔法。

斯坦福心理系的研究人员调查了名称和标签对于食物选择的

影响。他们为大学食堂里随机选择的蔬菜贴上了"放纵式"标签，比如"具有柑橘光泽的古怪胡萝卜""爆炸性辣椒和用酸橙调味的怪异甜菜""激情迸发的可爱青豆"。在另一些时候，他们为制作方式完全相同的蔬菜贴上了标准的或者听上去很健康的标签，比如"青豆"或者"碳水化合物含量较少的青豆"。

他们观察到，在使用"放纵式"标签时，选择蔬菜的人数和蔬菜摄入总量分别增长了 25% 和 23%。同标准标签相比，强调健康属性的标签并不能使蔬菜更受欢迎，这一发现为传统公共卫生策略带来了重大挑战。如果你不能说服理性的斯坦福学生为了自己的健康选择蔬菜，这种方法就不太可能适用于更加广泛的群体。研究表明，为蔬菜赋予吸引人的名字是一个更加有效的方法。

你可能读到过关于人类长期喜爱糖分和脂肪的论述，但是没有神经学证据表明大脑不能通过训练喜欢上卷心菜而不是蛋糕。我们是杂食动物，我们应该可以食用任何食物。"我们努力食用更多蔬菜，但我们没有努力让自己更加喜欢蔬菜，"食物记者比·威尔逊（Bee Wilson）反思道，"这也许是因为，人们几乎普遍相信，我们不可能习得新的口味，摆脱之前的口味。不过，事实恰恰相反。"

人生的意义

大多数人需要通过工作维持生存。不过，如果不考虑工资，工作是否具有吸引力？

火车司机艾米·卡彭特（Amy Carpenter）说："我喜欢与旅客交流，用我的知识让人们的旅行变得更加轻松，或者在进站时向激动的孩子招手。不过，在最基本的层面上，我真的非常非常喜欢驾驶火车。""我不想去其他任何地方工作！"阿斯本山谷医院的一名护士在"玻璃门"匿名公司评价网站上写道。"这是最好的工作！"NBC 环球的一名员工在同一网站上写道。"我每天起床时都很兴奋，想投入工作。对我来说，这是世界上最具回报性的经历。"科技企业家迈克尔·斯利温斯基（Michael Sliwinski）赞美道。

一些幸运的人会说："我很喜欢我的工作，我愿意无偿从事这份工作。"所以，对一些人来说，工作是有吸引力的。

遗憾的是，对于其他许多人来说，事实并非如此。2013 年，盖洛普发布了一份涉及 142 个国家的重要研究报告。报告称，全球只有 13% 的劳动人口在"认真工作"。63% 的员工"不认真"，这意味着他们"缺乏动力，不愿意为组织的目标或结果主动付出努力"。其余 24% 的人"故意不认真"。这意味着近 1/4 的员工实际上讨厌自己的工作。他们"工作时不快乐，缺乏效率，可能会向同事传播负能量"。也就是说，大约 3.4 亿人在大部分清醒时间里过得很痛苦，另有近 10 亿人在主要人生活动中几乎得不到工资以外的其他回报。即使在工作态度最为积极的美国和加拿大，也有超过 70% 的员工"不认真"或者"故意不认真"。

这是一个很糟糕的现状。实际上，考虑到所有这些"不认真"给人类带来的巨大心理和经济成本，这简直是一个丑闻。

如何使工作变得更加吸引人？从愉快的工作环境到更大的自主性，许多因素都可以起到帮助作用。不过，最重要的也许是清晰而有价值的目标。人们需要感受到他们的工作是重要的。正如经济学家约翰·凯（John Kay）所说："赚取利润不是企业的目标，正如呼吸不是生活的目标。"除了让雇主变富，人们还需要另一个目标。

如果你让企业高管描述他们公司在赚钱以外的目标，对方常常会露出茫然的表情，或者发表"服务顾客"之类的陈词滥调。实际上，面对商业组织在为股东提供增值之外还需要其他目标这一想法，一些领导者会感到愤怒。难怪会有那么多员工不认真。

你可能认为，一个员工要么拥有值得奋斗的目标，要么没有。不过，在某种程度上，目标可以被视作想象的产物，尽管它很重要。你可能会说，你在人生中的主要目标是培养孩子。你可能会说，你的目标是向你遇到的人传播快乐。你可能会说，你的目标是打造一家不朽的公司，或赢得奥运会奖牌，或成为城市里最好的鼓手，或找到肺癌的治疗方法。实际上，你可能拥有不止一个目标。你每天早上起床的目的取决于你自己。所以，目标是可以构建的——这不会降低它的价值。

我曾帮助几十家组织澄清和传达它们的目标。一些组织的目标声明与竞争有关：人们喜欢在竞争中获胜的感觉，为了超越竞争对手而持续奋斗可能足以成为一些员工的动力。对于在可乐战争中处于劣势的百事来说，"击败可口可乐"这一简单目标极具激励性。其他一些公司首先实现某个目标或创新的决心有力地鼓舞了它们的员工。不过，大多数有效的目标声明涉及帮助别人、保护别人或者使他们的生活变得更加美好。

当英格兰银行请我为英国新的审慎监管局设计目标声明时，我们绕过了所有复杂的微观审慎政策和展望、基于判断的监督、欧盟的资本要求指令、合规成本和可处置性评估、积极干预和交易对手风险，提出了一个简单而重要的目标：我们负责保护英国金融系统。在灾难性的全球金融危机和英国两家大银行近乎破产之后，这个目标足以激励任何金融监管者。

无私的目标不一定是改变世界的宏伟目标。我曾为一家公司提供多年咨询，该公司销售天竺葵、三色堇、仙客来等观赏植物的种子和幼苗。这些植物对于公共卫生和世界和平没有太大的作用，但是我们展示了它们为数百万种花爱好者带来的真实快乐。该公司有一个重要的研发任务，即开发更有抵抗力，能够承受营养失衡、水分过多和过少的新品种。这解决了观赏植物买家的一个大难题：他们不希望看到植物由于自己的错误而死去。所以，我们为员工提供的目标是使开花植物变得更加美丽、更加容易照顾，从而丰富人们的生活——这对全球幸福是一个微小而真实的贡献，它足以激励全体工作人员。

如果员工觉得他们在以某种方式帮助别人，那么许多员工往往会更喜欢自己的工作，并且会更加勤奋，这一事实可能会使那些从根本上讨厌商业的人感到吃惊。公司成立的目的可能是为了赚钱，但是它们的员工常常渴望带来改变，这种趋势似乎正在增长。如果我们要使工作变得更加吸引人，我们需要理解和回应这种渴望。

喜爱和厌恶之外的引导

和竞争性真相世界的其他许多事情一样，吸引力的操纵存在阴暗面。我们考察了如何提高健康食物或有用工作的吸引力。不过，这种操纵也可以导致我们喜爱对我们或者社会有害的事物。广告行业几十年来一直在这样做。美化吸烟的香烟广告仍然在播出，以便诱导年轻人喜欢一种可能会致命的产品。快餐营销使我们渴望油炸薯条和含糖饮料，这对肥胖问题的形成起到了很大的作用。

更加阴险的策略是说服我们相信某个组织、个人、事物或群体是可恶的，从而使我们反对他们。报纸和政客用这种不道德的大众影响形式攻击各种目标，包括球迷、福利领取者、铁杆斗士、游客、单亲母亲、社会主义者、转基因食品、素食主义者和肥胖者。不过，这一现象如今最恶毒的例子就是反对移民的运动。

> 吸引力策略 #2
> 让人们反对一些群体

我们见过特朗普对墨西哥移民和叙利亚难民的谴责，而英国独立党、法国国民阵线、德国选择党、荷兰自由党和奥地利自由党通过妖魔化移民大幅提升了政治力量。《布莱特巴特新闻》《每日邮报》《每日快报》等媒体组织以及拉什·林博（Rush Limbaugh）、安·库尔特（Ann Coulter）、凯蒂·霍普金斯（Katie Hopkins）等著名评论家也为这场运动提供了巨大的支持。在《太阳报》的一篇煽动性文章中，霍普金斯甚至将移民比作"蟑螂"。

这种语言攻击对于普通市民眼中的移民具有怎样的影响？从民意调查以及英国脱欧公投和2016年奥地利总统选举等事件来看，这种影响似乎很大。为了更加清晰地了解政治和媒体对舆论的影响，我们可以考察匈牙利。这个国家拥有非常纯粹的白人人口，其国界内很少出现具有不同文化的人群——除了吉卜赛人。

塔尔吉社会研究院几十年来一直在收集匈牙利对于移民的态度数据。他们将调查对象分为"媚外者""排外者"和中间群体。2002年至2011年，被划分为排外者的匈牙利人口比例在24%和34%之间波动。此后，这个比例大幅上升，在2016年达到了历史峰值53%。在同一段基准期，6%到12%的匈牙利人被划分为媚外者，这一比例在2016年下降到了1%。

为什么不喜欢和不信任外国人的比例迅速上升？2015年，来自叙利亚、阿富汗和伊拉克的几十万人进入了匈牙利。不过，大多数人迅速离开了这个国家，进入了德国和奥地利。匈牙利在这一年收到了 177 135 份避难申请——避难申请与当地人口的比例是欧洲最高的——但它只批准了 502 份。超过 90% 的避难申请者在得到结果之前就离开了匈牙利。大多数匈牙利人在现实生活中从未见过移民。这场历史性的人口运动几乎没有为任何匈牙利人带来威胁、不便或者降低他们的生活水平。一个同情移民的匈牙利人指出，排外者"在生活中见到的移民恐怕还没有外星人多"。

虽然匈牙利人可能缺少与移民的直接接触，但是这一点在政府宣传中得到了充分补偿。一份由政府资助的广告称："你知道巴黎恐怖袭击是由移民实施的吗？"另一份广告称："你知道欧洲女性骚扰事件在移民危机开始后出现了增长吗？"

总理维克托·欧尔班（Viktor Orbán）在 2015 年年初开启了反移民运动，塔尔吉立即注意到了排外者的激增。欧尔班的宣传非常有效地传播了关于移民吸引力的新的竞争性真相。有趣的是，在 2015 年夏，当匈牙利各地出现大量移民时，塔尔吉记录的排外者数量出现了下降：面对电视每天播出的移民受苦的镜头，匈牙利人的观点似乎出现了短暂而微妙的变化。不过，反移民宣传在大规模移民结束后仍在继续，被统计为排外者的匈牙利人口比例再次上升，达到了历史最高纪录，尽管留在匈牙利的移民或寻求避难者已经很少了。

在西方世界的另一边，煽动者和反移民媒体成功炮制了一个新的竞争性真相：被之前几代人看作新思想、新企业、新能量和新文化来源的移民受到了广泛的排斥。这场运动对于北美和欧洲可能会产生长期而深远的政治和社会影响。

只要改变人们的欲望，你就能改变世界

改变品味并不容易，但它是可能的。实际上，人们可能已经改变了你的品味。我们每个人都需要更好地识别那些试图以伤害我们或他人的方式重新定义可欲性的营销人员、政客和新闻工作者。同时，通过承认和探索欲望的可塑性，我们可以使我们的生活变得更加美好。当现有欲望具有破坏性或者存在问题时，用竞争性真相为自己和他人改变事物吸引力的做法可能是有效而合乎道德的。只要努力，我们就可以喜欢上对我们有益的事情。

如何应用于现实

　　学着喜欢对你有益的事情——这是可能的!

　　用名称、目标声明和其他竞争性真相帮助你周围的人做同样的事情。

当心……

　　试图使你讨厌某些群体的煽动者和其他误导者。

第八章　财务价值

> 价格是你的付出，价值是你的收获。
>
> ——沃伦·巴菲特（Warren Buffett）

真菌财富

你愿意为一块霉菌付多少钱？

也许你在出价之前希望获得更多信息。霉菌的大小、颜色和状态如何？

这块霉菌的直径约为1英寸，颜色为灰绿色，位于两块玻璃片之间，由干净的胶带封装。霉菌很老，已经死了。它不会有任何实际用途。

它对你的价值如何？

你的估值很可能接近于零，你甚至可能会为了不把霉菌带回家而付钱。

2016年12月7日，这块不可食用的真菌在纽约邦瀚斯拍卖会上卖出了46 250美元。它被称为"原始青霉素霉菌文化"。

1928年，医学研究员亚历山大·弗莱明（Alexander Fleming）正在研究葡萄球菌，这是一种导致咽喉疼痛、疡肿和败血病的细菌。在休假结束时，弗莱明注意到，一个装有细菌的培养皿发霉了——这是一次意外污染。值得注意的是，霉点周围有一个没有细菌的圆圈。弗莱明意识到，这些霉菌一定生成了某种杀灭或抑制细菌的物质。这种霉菌就是产黄青霉菌，是得到科学理解的第一种抗生素来源。

弗莱明的意外发现使他出了名，他在1945年与他人共同获得了诺贝尔生理学或医学奖。他似乎很喜欢自己的名声，将这块"奇迹霉菌"的样本寄给了当时的其他名人，包括教皇和玛琳·黛德丽。邦瀚斯拍卖会上的拍品是弗莱明1955年送给邻居的，因为邻居吓阻了几个盗贼。这份样本由弗莱明签名，并且附有他和管家写给邻居的信。管家在信的最后写道："另外，为了以防万一，我要提醒你，这块圆圆的东西是最初的青霉素霉菌，请不要把它当作戈贡佐拉芝士！！！"

你已经知道了背景。现在，这块小小的霉菌对你来说价值几何？

也许比你最初的估值多一点，你可能愿意为了拥有一段医学史而支付几百美元。如果你是一个精明的投资者，你甚至可能支付几千美元。但你不太可能支付46 250美元。实际上，如果邦瀚斯的工作做得足够好，世界上应该只有一个人能够给出这么高的估值——那就是赢得拍卖的买家。

这个买家和其他人争取的是同一事物，他们对于霉菌的背景有着相同的认识。那么，为什么他们为它赋予了不同的财务价值？

价格不等于价值

我们在上一章看到了人们如何说服我们喜欢或不喜欢某件事物。不过,如果我们喜欢一件事物,我们的喜欢程度如何?更直接地说,我们愿意为它支付多少钱?它的财务价值如何?

拍卖会可以说明为什么这个问题不好回答:不同的竞标者为相同的拍品赋予了不同价值。我们可以将这些主观估值看作竞争性真相。一个人的估值可能低于另一个人的出价,但这并不意味着他是"错误的"。

在拍卖会之外,我们往往认为商品或服务拥有固定价格,这个价格就是它的价值。不过,这个价格是如何确定的?许多人本能地认为,一辆汽车的价格应该接近于汽车内部材料和组装工作的成本。我们还会考虑到管理和营销成本,以及合理的利润空间。最终得出的应该就是这辆汽车的合理价格。

不过,当我们考虑一些简单的例子时,这个想法就无法成立了。

毕加索的油画是由一个人在几天内创作的,一架飞机的制造则需要几千个工时,为什么前者比后者贵?

假设由200名工程师组成的团队花了很大力气开采了一块翡翠,而我在利比亚登山时发现了一块一样的翡翠,你会为前者支付更高的价格吗?

如果1000人用一年时间制造了一台将冰块黏在一起的机

器,他们的劳动会使这台机器拥有价值吗?

正如每个例子展示的那样,定价不能仅仅基于生产工作。相反,一件事物的价格取决于我们共同认可的价值。和弗莱明霉菌的售价类似,它取决于我们的主观估值。

以带有不锈钢钩环的50毫米标准铜挂锁为例。如果我需要为存放所有个人财富的库房上锁,我可能愿意为这把锁支付很高的价格。不过,如果制造商仅仅根据我的情况定价,它就不可能卖出许多挂锁。它还需要考虑为健身房更衣柜和后院里的旧自行车购买挂锁的人,或者将其挂在巴黎大桥上用作纪念的人。它需要考虑富人和穷人、匆忙的人和有时间转悠的人。每个买锁的人愿意支付的价格可能稍有不同。

根据所有这些不同的主观估值,经济学家推导出了"需求曲线":当价格较低时,购买的人会很多;当价格上升时,潜在买家的数量会下降。经济学家将其与"供给曲线"相匹配,后者描绘了制造商愿意以不同价格生产和销售该商品的数量。理论上,供给曲线和需求曲线的交点是令供给和需求恰好相等的价格。

所以,我们的主观估值——我们关于挂锁价值的竞争性真相——决定了市场价格。

❖

关于财务价值的竞争性真相对于贸易非常重要。我们交换或买卖事物的主要原因在于，我们对于它们具有不同的估值。如果苹果种植者对店内苹果的估值和顾客相同，他就不会卖苹果了。由于一个苹果对于农民的价值低于它对于附近厨师的价值，因此两个人可以找到一个都能接受的价格。

想象你在制作摇椅，你对每个成品的估值是 50 美元。如果低于这个价格，那么你更愿意把椅子留下来，而不是卖掉它。我想要一把椅子，愿意为它支付最多 400 美元。位于这两个价格之间的任何交易都可以使我们两个人满意。假设我们商定了 200 美元的价格。你获得了比你的估值高出 150 美元的收入，我则在节省 200 美元的情况下获得了价值 400 美元的摇椅。由于此次贸易，我们一共获得了 350 美元的价值。

世界上的大多数财富都是这样创造出来的。原油对于加利福尼亚土地所有者没有直接用途，但他可以用远高于自己主观估值的价格将其卖给炼油商。3 亿个苹果平板电脑对于苹果股东没有太大用处，但他们可以用低于我们个体主观估值的价格将这些设备卖给我们，使所有人感到满意。关于财务价值的竞争性真相使我们这个物种变得富有。

我们如何估值

人们如何形成不同的估值？我们以多种方式为商品或服务估值，每一种方式对于不同个体存在差异。

它对我有什么好处

我们通过某件事物所获得的收益取决于我们的品味和环境。如果你喜欢音乐,音乐流媒体服务可能很有价值。不过,如果你非常繁忙,一个月登录不超过一次,那么它就不是很有价值。在重要的屋顶维修工作中,一架梯子可能正是你所需要的东西……除非你已经有了一架梯子。一辆汽车可能对你很有价值……除非汽油太贵,或者新的地铁线路使公共交通变得更加便捷。当你拥有打发时间的其他选项时,电影票对你的价值似乎没有之前那么大了。

我们购买某件事物所获得的收益不一定局限于它的直接功能。如果没有贴在 Instagram 上的照片,假日套餐对你还有那么大的价值吗?拥有限量版手机的炫耀权利是否会提升它对你的价值?游艇是否存在维护和存放成本?如果是,这对它的净价值有何影响?

它对其他人有什么好处

我们可能看不到某件事物对于自己的利益,但是如果我们认为可以将其卖给别人,我们仍然会对其做出很高的估值。这就是黄金、高级葡萄酒和艺术品等可交易资产如此有价值的原因。

股市交易者常常根据他们所认为的其他人的估值对证券进行

估值。理论上，他们对公司股票的估值取决于股票未来的预期收入。在实践中，如果交易者相信其他交易者会愚蠢地高估股票，股票的交易价格可能会远高于其理论水平。股市泡沫就是如此："精明的"交易者知道股票定价过高，但是认为一些"愚蠢的"交易者随后会以更高的价格买入，从而使这些"精明的"交易者获利。这种理论被戏称为"博傻理论"。当然，其他交易者可能没有这么愚蠢，但是可能认为其他"愚蠢的"交易者值得他们做出投资。

它的稀缺性如何

如果我们仅仅由于其他人的估值而购买某件事物，我们最好确定它是独特的，或者它的供应不充分。其他人可能需要水，但是如果他们可以通过水龙头免费得到水，他们就不会向你购买。稀缺性对于投资性资产和奢侈品非常重要。这种稀缺性有时基于真实的限制，但它常常是人为施加的，用于维持较高的估值。

稀缺性也会影响我们对于火爆的戏剧表演或体育比赛门票的估值。美国音乐剧《哈姆雷特》非常火爆，最佳座位的官方票价在 2016 年达到了 849 美元，创下了百老汇纪录。不过，它仍旧比二级市场上的许多门票便宜得多，这意味着一些戏迷对这些稀缺资产赋予了巨大的价值。

一些人可以通过拥有稀缺或独特的事物获得快乐，甚至愿意为没有明显价值的事物一掷千金。演员威廉·夏特纳（William Shatner）的一块肾结石卖出了2.5万美元。他在《星际迷航》中的服装卖出了超过10万美元，尽管这在好莱坞并不新鲜。玛丽莲·梦露（Marilyn Monroe）在《七年之痒》中飞扬的白色连衣裙卖出了460万美元。

购买它有什么风险

你可以在eBay上以零售价的几分之一买到不错的电器。它们是二手货，但你常常几乎无法注意到任何磨损迹象。那台完美无瑕的电视机为什么那么便宜？因为我们不知道它是否被卖家摔过、是否连接过错误的电压，或者卖家是否做过其他我们不知道但却具有破坏性的事情。我们的购买行为具有风险，这种风险降低了它的价值。类似地，购买土地的开发商可能不知道它能否获得建筑规划许可，这一风险会降低这块土地对它的价值，直到规划当局做出决定。

风险和不确定性很难客观量化，因此它们是竞争性真相的重要来源。你可能认为eBay上的电视机一年后坏掉的概率是1/10，我可能认为这个概率是1/2。我的悲观会使我对电视机做出更低的估值。

未来将会如何

我们的许多判断取决于我们对未来的预测,财务估值也不例外。你认为电动汽车会普及吗?锂电池股票可能会上涨到任何人都无法想象的水平。气候变化会带来更加多变的天气吗?全面房屋保险可能是一个不错的选择。

对于未来稀缺性的恐惧会使人们为事物赋予更大的当前价值。当霍斯特斯布兰兹公司 2012 年宣布即将破产时,该公司最著名产品"吞基"的粉丝出现了恐慌。在破产消息出来以后,平时一盒几美元的吞基在 eBay 上的估值大幅上升。

我们的主观估值取决于我们的财富:我们越富有,我们愿意为某件事物支付的价格就越高。因此,我们对于自身的财富预期越高,我们就越愿意付款。你在 3 个月后才能开始新的工作,但是和你获得这份工作之前相比,你现在可能愿意为新冰箱支付更高的价格。

> 财务价值 # 策略 1
> 将所有相关因素包含在主观估值中

我们在每一个维度上都会受到其他人的强烈影响。这很重要,因为我们对商品和服务的财务估值驱动了我们的消费行为。只有当我们对事物的估值超过它们的价格时,我们才会购买。不过,人们可以利用关于任何产品或服务的利益、受欢迎程度、稀缺性、风险和未来情况的片面真相使我们改变估值。

这使所有广告公司、营销经理和销售人员获得了机会,因为他们的工作就是将我们的估值提升到他们的价格阈值之上。通过改变我们关于财务价值的竞争性真相,各家企业驱动着我们在商场和网上的行为。

学会喜欢石头

我们大多数人能用小石头做的事情并不多,不管它多么闪耀。也许,这就是钻石在人类大部分历史中没有获得普遍价值的原因。得到良好切割的钻石很漂亮,因此它们在富豪的珠宝箱中长期占据着一席之地。不过,在 20 世纪以前,其他人很少见到钻石。

钻石还很少时,重视它的人数并不重要。不过,在 1867 年,当一个十几岁的孩子在南非奥林奇河发现一块闪亮的鹅卵石并带回家拿给姐妹们玩时,情况发生了改变。原来,他发现的是一块 22 克拉钻石,这引发了一场不同寻常的淘钻热。勘探者开始探索这个区域的冲积层。几年后,矿工在金伯利附近的土地和岩石中挖掘出了大量钻石。在此之前,世界上的大多数钻石来自印度,那里的钻石矿已经挖掘殆尽。在十几年的时间里,南非产出的钻石比印度几个世纪产出的钻石还要多。

这些新钻石立即拉低了钻石价格。钻石不再是稀缺品,买家在谈判中获得了更大的筹码。此外,钻石的相对丰富性降低了它对贵族的吸引力，后者开始转向红宝石和绿宝石等"更加不常见"的石头。在南非新矿场投入大量资金的钻石企业家即将通过过度生产毁掉其资产的价值。

这个供给问题很快得到了解决。一个名叫塞西尔·罗德斯（Cecil Rhodes）的英国年轻人获得了足够的金融支持，收购和兼并了南非的其他所有钻石开采业务。他的戴比尔斯公司利用垄断力量限制了钻石供给，营造出了稀缺的假象，在几十年时间里规定了市场价格。一旦世界其他地区发现钻石，戴比尔斯会迅速控制这些地区，以免供给过剩再次爆发。不过，这导致了另一个问题：戴比尔斯积压了大量卖不出去的钻石。

如何在不毁掉表面稀缺价值的情况下摆脱这些库存并且获得利润呢？显而易见的解决方案是让更多人购买这些小石头，这意味着说服数百万人为其赋予更高的价值。二战以前，拿着体面工资的普通人并不认为钻石是一种有用的储蓄途径，他们对于这种闪亮的碳块没有任何实际需求。大多数人对于钻石的主观估值很低。不过，戴比尔斯需要将这种估值提升到可以带来合理利润的位置上。它还需要说服买家不要在二级市场上出售钻石，以免拉低价格。

1938 年，戴比尔斯找到了纽约艾耶父子广告公司，询问能否"通过各种形式的宣传"提升美国的钻石需求。他们的合作创造出了一个巨大的钻石市场——一个以订婚戒指为中心的市场。

几千年来，戒指一直是爱和婚姻承诺的标志。历史上，不同文化曾用铜、黄金甚至发辫制作订婚戒指，少数戒指饰有珠宝。不过，最能证明男性忠于女性的钻石订婚戒指直到现代才流行起来。

这是由戴比尔斯和艾耶策划的。

在两次世界大战之间，美国钻石消费量减少了一半。艾耶认为，逆转这种下降趋势的方法是在钻石和爱情之间建立联系。女性应该将钻石的品质和大小视作求婚者爱情的体现。该广告公司宣称的目标是"让几乎所有做出婚姻承诺的人觉得自己必须购买订婚钻戒"。

该广告公司利用杂志故事、电影植入广告和全彩广告在大钻戒和真爱之间打造了一种不可磨灭的联系。公司在1948年推出了"钻石恒久远"的广告。在此后的大部分时间里，这则广告一直在巧妙地暗示人们：出售钻石即使不是对爱的彻底背叛，也是一种非常可鄙的行为。公司绘制了出身高贵的未婚妻戴着巨大钻戒的肖像，并且将钻石借给出席肯塔基赛马会的社交名流。当电视出现时，广告宣传将爱情与钻石的联系传播到了美国人的起居室里。

艾耶在1947年的战略计划中解释说，"我们正在处理一个大众心理学问题"。他们的目标是使购买钻戒成为"心理需要"。令人吃惊的是，该广告公司甚至为美国高中组织了一项灌输计划："所有这些讲座都和订婚钻戒有关，它们在我们的顶级教育机构以集会、班会和非正式会议的形式被灌输给了数千名女生。"另外，一定不能让替代商品获得生存空间。公司决定，"只能让钻石被广泛视作订婚的标志"。后来的广告专横地问道:"两个月的薪水对于某种永久持续的事物来说难道不是很小的代价吗?"这清晰表明,他们的关注点是改变男性对于钻石的主观估值。

众所周知,这场宣传活动非常成功。到了20世纪50年代后期,艾耶报告说:"到了这一代,几乎每个人都认为钻戒是订婚的必需品。"2015年,据戴比尔斯估计,美国钻石珠宝市场每年的价值是390亿美元。今天,3/4的美国新娘会戴上钻戒。几乎没有人卖过订婚戒指,这有助于维持价格。人们对于钻石的主观估值远高于他们在二级市场上能够卖出的价格。

在完成美国的任务以后,戴比尔斯将注意力转到了其他市场,尤其是经济实力正在增长的日本。20世纪60年代以前,这个极为传统的国家几乎没有听说过订婚钻戒。不过,日本年轻人正在日益接受西方文化。戴比尔斯开启了一场广告宣传活动,展示了西方美女戴着钻戒参与游艇旅游或野营等现代娱乐活动的形象。不到20年后,60%的日本新娘戴上了钻戒。中国也出现了类似的心态转变,超过30%的新娘戴上了钻戒——这个比例在30年前接近于零。

戴比尔斯在20世纪60年代再次遇到了过度供给问题,当时苏联在西伯利亚发现了新的钻石矿。这些钻石很小,但数量很多。如果投放到世界市场上,它们会严重挑战这个行业宝贵的稀缺幻象。所以,戴比尔斯达成了代表苏联推广这些钻石的交易。起初,这些小石头的作用不是很明确。接着,戴比尔斯提出了"永恒戒指"的概念，这是古老传统的变体：现代永恒戒指镶有微型钻石，这有助于吸收西伯利亚的供给。正如调查记者爱德华·杰伊·爱泼斯坦（Edward Jay Epstein）所说："情感源于需求——美国老年女性之所以收到镶有微型钻石的戒指，是因为一家南非公司需要照顾苏联的利益。"微型钻石的主观估值一直很小，直到戴比尔斯的营销机器帮助我们对其进行重新估值。

这个跨越几十年的成功营销故事的有趣之处在于，这种产品营销不涉及品牌。宣传活动中没有出现公司标志。[1] 艾耶改变的是我们对于钻石的主观估值，不是对于戴比尔斯的主观估值。其他许多著名的宣传活动极大地改变了我们对于品牌商品的主观估值，但成功推广无品牌商品的宣传活动则是非常罕见的，正如戴比尔斯希望你相信它的产品是非常罕见的。

错误估值

现在进行现实感检查。在我关于主观财务估值的讨论中，我们每个人对于事物对我们的价值似乎都有清晰的意识。不过，丹尼尔·卡尼曼（Daniel Kahneman）、阿莫斯·特沃斯基（Amos Tversky）、理查德·泰勒（Richard Thaler）和丹·艾瑞利（Dan Ariely）等行为经济学家和心理学家目前的一系列研究表明了我们的估值技能有多糟糕。营销人员充分利用了这个人性弱点。

1　美国最近出于反垄断原因禁止戴比尔斯在美国开展业务。

如果你问钓鱼爱好者愿意为优质钓竿支付多少钱,他可能会给出接近市场平均价格的回答。不过,对于钓竿市场一无所知的新手可能会给出远高于或远低于这个价格的主观估值。在没有参照物的情况下,他并不知道钓竿应该值多少钱。经济学家可能会说,通过将钓竿与他手里的钱可以购买的其他所有事物进行比较,他应该可以推断出钓竿的价值。在实践中,很少有人这样想。相反,我们在形成主观估值时会参考我们能够找到的任何指导。通常,这些指导来自销售人员及其营销材料。

在城市上空乘坐一小时直升机对你的价值是多少?你可能从未想过这个问题。假设你的估值是100美元。在上班路上,你看到了这种旅行的广告,其价格为800美元。你认为这笔钱对你太贵了,但你的主观估值还是100美元吗?如果你在街角发现另一个运营商以仅仅200美元的价格提供同样的飞行服务,你会受到诱惑吗?如果是,这说明一个单纯的价格信号将你的主观估值翻了一倍。

你来到一家新的餐厅,注意到了菜单上的烟熏红辣椒扇贝墨鱼炖饭,其价格为37美元。扇贝旁边是和牛排,价格为89美元。当你看到和牛排时,扇贝开始显得物超所值了。这显然是一道优质菜肴,你占了便宜!

如果你停下来仔细思考,你可能会产生疑问:同37美元(加上服务和税费)能够买到的其他所有事物相比,你真的更想得到几片扇贝和一点美味的大米吗?不过,面对这份菜单,你可能不会考虑其他事情。同昂贵的牛排相比，扇贝似乎是一个不错的选择。这家餐厅的牛排可能销量很低，这也许符合他们的预期。菜单上的牛排可能仅仅是为了影响你对不那么昂贵的菜肴的估值。

同绝对估值相比，我们更擅长相对估值。如果没有之前的价格知识，我们并不知道某件事物应该值多少钱，但我们通常可以判断一件事物对我们的价值大于还是小于另一件事物。营销人员利用了这种对比效应，他们设置了"锚定"价格，以提升我们对其产品的估值。昂贵的菜单选项是一种锚。另一种是"促销"单品的原始零售价。在初始价格的衬托下，零售商希望你支付的实际价格看上去似乎很便宜。

> 财务价值策略 #2
> 用价格锚和其他技巧影响其他人的估值

另一个心理弱点是我们对于风险的态度。一般而言，我们不喜欢风险，即使概率专家告诉我们潜在优势胜过了潜在劣势。这意味着我们会为运输时间表、零食送货时间或保险赔偿的确定性支付超出合理范围的价格。营销人员可以对这种偏差加以利用，用"保证""一定"或"承诺"等语言提升我们的主观估值。

我们还会对不公平的感知做出非理性反应。如果我们认为卖家获利太多或者占了便宜，即使价格低于我们的主观估值，我们可能也会拒绝购买。当零售商在暴风雨中抬高雨伞价格时，我们可能会拒绝购买——这不是因为我们买不起或者对雨伞的估值没有那么高,而是因为我们讨厌店家对我们暂时的天气困境加以利用。

如果我们认为某件事物的生产成本很低,我们可能会降低它的估值,即使它可以为我们带来很大的好处。阅读爱好者可以从小说中获得很大的乐趣,有时会连续几个星期快乐地沉浸在一本书中。你可能认为读者对于这样一本书的估值非常高。不过,如果这本书是电子书,读者认为自己手里的副本没有生产成本,他可能只会接受几美元的价格。同时,他可能愿意为只提供几分钟快乐的鸡尾酒支付 5 倍于此的价格。出于同样的原因,现在有许多人反对为电子商品支付任何费用。

我们对于事物的财务价值存在许多奇怪、反常或不理性的思维方式,上面只是其中的几个例子。我们的估值思维存在缺陷,但这并不意味着我们的估值是错误的;它们是我们的真相。要求千禧一代为音乐赋予更高价值是没有意义的,正如批评食客为几片扇贝支付 37 美元是错误的。归根结底,我们需要在市场经济中做出选择,而且需要承担后果。

自我估值

我们关注了关于财务价值的主观真相是如何影响购买行为的。对于任何在 eBay 上甩货、贱卖车库或者出售房屋的人来说,同样的销售原则仍然适用：当我们对于一件物品的主观估值低于其他人愿意支付的价格时，销售就会发生。因此，我们的销售决定取决于买家对于我们主观估值的影响。

对于许多人来说，出售物品不是一种常见活动。不过，我们大多数人经常出售一件事物：我们的时间。劳动力市场正在迅速变化。在所谓的"零工经济"中，越来越多的工作变得零散起来。工作的碎片化要求我们认真思考如何在不同局面下为自己定价。对于自己的时间形成明智的主观估值是非常重要的。

⁂

几年前，我创办了一家小型企业，企业网站上需要一些独特的图标。我需要一位平面设计师，但我的预算非常有限，因此我咨询了谷歌，并且迅速找到了DesignCrowd。

这家澳大利亚公司提供一种叫作"设计竞争"的有趣服务。我可以用合理的费用在他们的网站上贴出我的需求描述。接着，全世界的自由职业者将会创造出符合这种描述的图标。我可以选择我最喜爱的作品，这位设计师将获得大部分费用，其余费用归DesignCrowd所有。如果所有设计都不符合我的心意，我可以把钱收回来。

对顾客来说，这是一项很有吸引力的计划。不过，这种众包模式对设计师来说意味着什么呢？我收到了几十份完整的设计，每一份都是根据我的要求定制的，其创作过程至少要花几分钟甚至几个小时。几乎所有这些劳动都没有获得回报。那么，这些设计师如何评估自己的时间呢？

一些人可能是设计爱好者，为了乐趣而工作，将偶尔的获胜设计当作奖励。其他一些人可能进行了风险回报判断，对获胜概率和竞争时间成本进行了评估。同西方国家相比，在生活成本较低的国家，设计师可以对时间做出比较低的估值。需要养家糊口或者拥有其他财务义务的设计师也需要进行不同的计算。理论上，这没有问题。仅当潜在回报划算时，理性的设计师才会为这类项目投入时间。不过，正如我们看到的那样，人类在估值方面常常很不理性。

在迅速扩张的"按需劳动"行业中，DesignCrowd 只是众多企业之一。亚马逊的土耳其机器人允许雇主发布具有指定费用的"人类智能任务"，然后由自由职业者竞争。Upwork 将全世界的公司和自由职业者联系在一起。Fiverr 是一个类似的平台，主打起薪 5 美元的微型工作。CrowdFlower 将大量远程自由职业者与人工智能技术相结合，为客户提供"圈内人士"数据服务。TaskRabbit 向任何愿意遛狗、打扫卫生、搬运物品、组装家具或进行手工制作的人提供零散的有偿工作。各品牌可以用 Gigwalk 委托其他城市的人检查零售陈列，为门店拍照，或者收集位置数据。Client Partners 允许孤独的日本人租"朋友"聊天、共同出席婚礼或者充当自拍陪衬。

对于不能或者不想上下班、承担单一职责或者严格遵循工作时间的人来说，这种零工经济是上天赐给他们的礼物。一些勤劳的自由职业者可以赚到许多钱。一位 DesignCrowd 设计师在 5 年时间里赚了 100 万美元。数字和桌面服务平台还允许贫穷国家的工人进入全球经济中，降低不平等，促进他们的发展。按需劳动的灵活性和效率对于工人和雇主都是有好处的——前提是我们能够正确地定价。

问题是，大多数人不太善于对自己的时间进行合理的估值。我们不知道我们真正的价值，而且没有充分考虑从事某项工作的隐性成本和风险。像我这样的作家可能会花费数年时间写作一本永远不会出售的书。为了进入健身房工作而支付费用和提供免费入门课时的私人教练可能会发现，相比于他们投入的所有时间和金钱，来自私人客户的净收入是一种少得可怜的回报。TaskRabbit 和 Gigwalk 的工人在承接微型工作时可能没有充分考虑到往返工作地点的时间和费用。相比时薪工，通过临时工作或零散工作获得报酬的工人可能会低估这种工作真正的时间成本。

自由职业者往往会低估支付税费、养老金、孕期费用、健康和长期残疾保险以及其他所有成本所需要的时薪。因此，他们会对自己的时间做出低于正常水平的主观估值，因而会接受低于自身需要的工资水平。这对他们不利，而且对与他们竞争的其他所有工作者不利，因为市场价格被压到了可持续水平以下。最低工资法（如果存在）很少适用于自由职业者，而且对于设计竞赛这样的临时工作模式没有任何意义。遗憾的是，没有什么能够阻止自由职业者以损害整个自由职业群体为代价低估自己。我们可能会看到按需工作价格的"逐底竞争",这将导致一种虚拟的全球血汗工厂。

随着越来越多的人进入零工经济,为了每个人的利益,我们这些自由职业者需要更好地为自己估值。

各种事物的价值

我们基于估值的选择会直接导致公司的兴盛和失败以及经济的繁荣和崩溃。世界上一些最为强大复杂的组织完全有理由利用我们的心理弱点,通过影响我们内心关于财务价值的真相来影响我们的消费行为。在大多数法律体系中,营销人员可以合法地为事物营造某种框架,使用价格锚技巧,或者鼓励我们为钻石等商品做出更高的估值。所以,我们应该意识到这些销售技巧和心理陷阱,并且不断询问自己,我们想购买的那个美味、闪亮、有趣的事物真的值得我们付出这样的价格吗?当我们出售自己时,我们需要非常深入地思考影响时间估值的其他所有因素。

对于价值进行更多反思几乎总是值得的。

如何应用于现实

　　弄清事物对于你的真正价值,而不是被其他人设置的价格所左右。

　　在估值时,考虑风险、未来预期和稀缺性因素,以及你和其他人可以获得的利益。

当心……

　　用价格锚和其他心理技巧对你的估值施加影响的误导者。

　　鼓励你低估个人时间和劳动的模式、平台或环境。

后 真 相 时 代
TRUTH:
How the Many Sides to Every Story Shape Our Reality
第三部分　人造真相：人们一手打造的真相

第九章　定义

> 当我使用一个单词时，它仅仅具备我想让它具备的含义——不多也不少。
>
> ——刘易斯·卡罗尔《爱丽丝镜中奇遇记》中的蛋头先生

以 f 开头的词语

"它是一个极为强大的词语，具有强大的影响。"

你想到了什么？粗话？宗教或灵性词语？神圣的名字？

上面这句话出自布伦丹·帕蒂（Brendan Paddy），他所领导的灾难紧急沟通委员会在危机时期可以将 13 家英国大型慈善机构组织在一起。帕蒂还说："我们需要准确使用这个词语。我们需要及时拉响警报，但我们也不想受到谎报灾情的指责。"

布伦丹·帕蒂如此谨慎对待的单词被救援工作者和国际发展工作者称为"f 词语"。它就是"饥荒"（famine）。

由于这个词语非常重要，因此联合国各机构和各非营利组织共同为它赋予了一个精确的定义。《综合食品安全等级分类》称，饥荒仅仅是指"一个区域至少 20% 家庭面临极端食品短缺，而且应对能力有限；急性营养不良率超过 30%；每万人死亡率超过每天两人"。

为什么要如此关注这个在历史课上经常出现的单词的含义？

饥荒声明不会为国际社会带来约束性行动义务。它的重要性仅仅来自它对舆论的影响。

"'f 词语'的使用可以向捐赠者和政客发出强烈的信号。它可以获得曝光,成为新闻的重点——没有这个词语,公众就不会知道发生了什么。"乐施会的伊恩·布雷(Ian Bray)说。

许多人还记得 1984 年导致埃塞俄比亚几十万人死亡的饥荒。由于援助机构的呼吁、迈克尔·比尔克(Michael Buerk)等记者的有力报道以及鲍勃·格尔多夫(Bob Geldof)及其朋友的募捐活动,此次饥荒获得了超过 2 亿美元的紧急救助捐款。全世界的善意动员令人吃惊。

救援工作者知道,这样的动员不会经常出现。因此,"饥荒"一词必须留给只能通过国际行动来阻止的大规模饥饿情况。经常使用这个词语可能会产生"狼来了"效应。这导致了一个奇怪的现象:某个区域的食品不安全等级(即饥饿等级)这一连续变量被转变成了只能取"饥荒"和"没有饥荒"两个值的离散变量。

2014 年,一个食品安全专家团队前往南苏丹朱巴,以评估那里的困难局面是否达到了饥荒的程度。这非常重要。美国国际开发署创建的饥荒早期预警系统的克里斯·希尔布鲁纳(Chris Hillbruner)表示:"'饥荒'声明会对危机获得的支持水平产生重大影响。"团队考察了南苏丹的营养不良率、受损庄稼和牲畜的减少,认为情况符合综合食品安全等级四(紧急)的条件,但是不符合等级五(饥荒)的条件。

"这意味着人道主义行动者很难筹集必要的资金,帮助已经面临可怕局面的人们,阻止局面进一步恶化,"来自拯救儿童会的朱巴团队成员达维娜·杰弗里(Davina Jeffery)写道,"虽然综合食品安全等级四意味着紧急状态,但是媒体不会产生太大兴趣,灾难紧急委员会几乎一定不会发声,救援经费大概也不会迅速上升。"

由于没有这种捐赠动员,南苏丹的情况继续恶化,直到2017年获得饥荒资格。这是官方在6年间第一次使用"饥荒"一词,而它立即发挥了作用。英国饥荒募捐活动在短短3个星期之内筹集了5 000万英镑(6 500万美元)。

这就是一个词语的影响。它没有法律效力,但对它的使用可能决定数千人的生死。

那么,拥有法律后果的词语会有什么影响呢?

种族灭绝何时不是种族灭绝

在1994年的几个星期之内,约有80万卢旺达人遭到屠杀。在总统被刺后,人数占优的胡图人发动了清除少数民族图西人的恶意行动。联合国和媒体关于持续屠杀的报道迅速流传开来。胡图族杀手配备的是大砍刀和低级枪支——他们无法抵抗西方军事干预。不过,西方没有进行任何干预。

根据政府解密文件,在暴力事件爆发不到16天时,美国官员私下里用"种族灭绝"一词来描述卢旺达事件。不过,克林顿政府直到杀戮开始49天之后才开始公开使用这个词语,而且仅仅提到了"种族灭绝行为"。路透社记者艾伦·埃尔斯纳(Alan Elsner)向慌张的美国国务院发言人问道:"一个地方出现多少种族灭绝行为才算种族灭绝?"克林顿政府似乎完全不愿意承认东非正在经历的恐怖现实。

下面是原因:

待讨论的问题:

1. 种族灭绝调查:该词表示需要进行国际人权侵犯调查甚至种族灭绝公约违反调查。

注意。国务院法律顾问昨天对此表示担忧——发现种族灭绝可能需要美国政府"做点什么"。

……

这份文本来自美国国防部1994年5月1日的讨论文件,当时屠杀开始还不到一个月。这份文件解密于1998年,它说明了政府在谈论卢旺达时不愿意使用"种族灭绝"一词的原因:国务院法律顾问担心种族灭绝的标签会使美国政府不得不进行干预。在几个月前发生在索马里的灾难性军事人道干预过后,他们不想采取干预行动。

种族灭绝的概念是一个相对较晚的法律创新,源自二战后的纽伦堡纳粹战犯审判。这个词语是由犹太律师拉斐尔·莱姆金

（Raphael Lemkin）提出的，他的大多数家人被纳粹屠杀。1948年种族灭绝预防和惩罚公约第一条规定，签约方（包括美国）"承认和平或战争时期的种族灭绝是违反国际法的罪行，并且应该采取行动阻止和惩罚这种罪行"。所以，如果卢旺达发生的是种族灭绝，美国和其他国家需要"做些什么"。

不过，1948年公约中的种族灭绝定义不仅包括对于指定群体多个成员的物理屠杀行为，还包括全部或部分摧毁这个群体的意图。

许多图西人正在遭受屠杀，这是不可否认的。不过，"全部或部分"清除图西人的意图很难在杀戮的前几个星期得到证明。胡图人控制的广播电台鼓励收听者到外面屠杀图西人，但这是民族毁灭意图的证据吗？根据胡图人的说法，他们是在进行总统被害后的内战。如果这真的是一场内战，其他国家就应该置身事外。

所以，虽然我们知道卢旺达1994年发生了种族灭绝，但是当时我们可能没有足够的意图证据，无法将其认定为种族灭绝。美国和其他国家可以根据定义回避责任。比尔·克林顿后来承认，如果美国及早干预，他们至少可以拯救30万人的生命。

定义策略 #1
根据定义解释情况

"数千人可能死于饥饿"和"数千人可能死于饥荒"这两个竞

争性真相描述了几乎相同的情况,但它们却可以导致完全不同的结果。

类似地,"数千人正在遭受屠杀"和"数千人正在种族灭绝中遭受屠杀"会导致完全不同的结果。

当强大的词语得到如此精确的定义时,人们往往喜欢根据定义解释情况。对克林顿政府来说,这意味着以某种方式解释卢旺达事件,以避免承认系统性种族灭绝意图。对于好心的救援工作者来说,这可能意味着对营养不良数据进行处理,以便让全世界认识到这是一场真正的人道主义灾难。

不过,大多数词语的定义并没有这么精确。这给人们带来了回旋余地。对于这些词语,人们喜欢——或者有机会——精心选择符合情况的词语。

它纯粹、天然,得到了临床证明

头发护理、皮肤护理和卫生产品的营销人员很喜欢使用"得到科学证明"或"得到临床证明"的说法。对于存在疑虑的消费者来说,科学证明是一个难以抗拒的产品属性。例如,"科学证明",联合利华的某款止汗剂"可以在你最需要时缓解过度出汗症状"。

不过,"科学证明"的含义是什么?假设平均每年有10%的人感染某种病毒。你向100人提供了一种实验药品,结果只有9

个人感染了病毒（而不是预期的 10 个人）——这是否证明该药对病毒有效？如果只有 7 个人感染病毒呢？科学家通过统计方法计算所有结果的可能性，并且根据这些可能性确定药品在每一种结果下有效的置信水平。如果 100 人中有 7 人感染病毒，他们可以在一定程度上相信药物具有一定效果。如果只有 4 个人感染病毒，置信水平会更高。不过，科学家不愿意谈论"证明"一词。

有了合适的诊断测试，确定病毒存在与否就可能比较简单。皮肤平滑程度或者空气新鲜程度的客观测量则困难得多。证明某种化学配方会使头发明显变得更加丝滑——不管这意味着什么——并不是许多有声望的科学家愿意做的事情。不过，统计学的微妙性以及测量理想卫生结果和美丽结果的复杂性被大多数营销人员和消费者忽略了。如果分析"科学证明某件产品在你最需要时有助于缓解过度出汗的症状"这句话，你可能不知道它所承诺的到底是什么。这种止汗剂是否只在极端情况下有效？"缓解"到底意味着什么？

"科学证明"听上去有力、清晰、不可辩驳。不过，这种说法在一些案例中受到了有力反驳，这对使用它的营销人员来说是一件遗憾的事情。法国达能食品公司美国子公司宣称，碧悠优酪乳调节消化系统的功能得到了科学证明。这种说法引发了集体诉讼，公司为此支付了几百万美元的和解费。根据和解条款，达能需要取消产品和广告中"得到临床证明"和"得到科学证明"的说法，将其替换成"临床研究表明"这样的说法。即使是这种说法也值得怀疑，因为"调节消化系统"并不具备真正的医学或科学意义。不过，公司在声明中认为自己讲述了事实："达能支持其广告宣传，否认犯了任何错误。"

瓶装水制造商经常在定义上打擦边球。例如，"纯净"意味着什么？根据定义，矿泉水不是纯净水，因为它含有矿物质。矿泉水应该被更准确地称为受到污染的 H_2O。不过，我们承认这里的"纯净"具有另外一种含义，比如"来自未受污染的天然水源"。问题是，这种实用定义为不道德的营销人员提供了许多自由度。未受污染的天然水源可能是你们城市的地下水。

2003 年，雀巢遭遇了针对"波兰泉水"的集体诉讼。波兰泉水号称来自"缅因州树林深处"的天然泉水。实际上，这种水并非来自"波兰山泉"，而是来自附近的一些水井。公司的定义性回复是："正像我们宣传的那样，波兰泉水是天然泉水——而天然泉水有许多标准。"雀巢在没有承认虚假宣传的情况下达成了和解。

2004 年，可口可乐在英国发布了达萨尼水。该品牌在美国已经取得了成功，被称为"你身边最纯净的瓶装水之一"。不过，人们很快发现，这款英国产品仅仅是处理过的伦敦郊区锡德卡普自来水。这款产品失败了，部分原因在于英国公众不接受可口可乐提出的"极为复杂的净化程序"消除了"细菌、病毒、盐、矿物质、糖、蛋白质和有毒颗粒"，使伦敦自来水变得"纯净"的说法。

"含有必需矿物质"是瓶装水的另一个误导性说法。这些水可能的确含有微量的重要营养物质，但是其浓度太低，无法对你的健康做出任何贡献。要想获得每日所需的矿物质，你需要喝掉一座湖泊的矿泉水。高档海盐也经常吹嘘它的必需矿物质。这些吸引人的盐片当然富含一种必需矿物质——氯化钠，但是其他矿物质的含量很少能够达到营养级别。

不过，海盐是"天然的"，不是吗？这是一个非常古怪的想法。氯化钠就是氯化钠，不管它来自海水蒸馏、采矿还是钠和氯的实验室合成。它们在物质上没有区别。那么，营销人员所说的"天然"是什么意思呢？它没有任何法律或科学意义。营销人员想让我们觉得"天然"产品直接来自大自然，这暗示了它们没有受到污染，没有经过工业操作，与我们生活在热带草原的祖先摄入的是同一种物质。这些可能都不成立。

2010 年，百事可乐将柠檬软饮料 Sierra Mist 更名为"天然 Sierra Mist"，因为他们将产品中的玉米糖浆替换成了常规食糖（当然，玉米和甘蔗都是"天然"的）。如果罐装汽水也能被贴上"天然"的标签，那么这个词语的实用定义一定非常模糊。3 年后，百事可乐放弃了"天然"这一标签，"因为这个词语的使用缺乏详细的监管指导"。

你知道，当营销人员在"天然"这类词语的使用上需要"详细的监管指导"时，他们已经与现实脱节了。

> 定义策略 #2
> 根据情况歪曲定义

乔治·奥威尔在谈到"民主""社会主义"和"自由"时说:"这类词语常常被有意识地欺骗性使用。也就是说,使用它们的人拥有自己的定义,但他希望倾听者产生不同的理解。"今天,我们可能会在这份清单上添加"工匠""美食家""优质""标志性""下一代""最精致""可持续""策划""尖端""价值""设计师""复杂""定制""真实"以及其他许多曾经很单纯的词语。奥威尔关心的是政治和暴政,但他观察到的关于定义的有意识欺骗行为已经在营销领域发展到了超乎想象的程度。

关注儿童

喜欢打擦边球的不仅仅是企业。2013年,英国大型住房慈善机构谢尔特发布了一篇新闻稿,标题颇具煽动性:"8万儿童在这个圣诞节无家可归"。

你如何解释这种说法?当我们谈论"无家可归的人"时,我们通常会想到露宿街头的男人和女人。我们的脑海中会出现硬纸箱、门洞里的睡袋、装有可怜家当的购物车、凌乱的胡须和乞钵。只要在谷歌图片中输入这个词语,你就会在众多结果中看到这些画面。

几千个英国儿童在冬天露宿街头的想法是很可怕的。不出所料,谢尔特的新闻标题得到了广泛报道。不过,正文中关于"无家可归"的定义并没有得到同样的宣传。在谢尔特的文章中,这个词语并不是指露宿街头。它指的是没有家庭自有住房,因而生活在当地政府安排的临时住房里的儿童。许多这样的家庭生活在只提供住房和早餐的旅馆里,由当地政府支付住宿费。虽然这种住所有时很肮脏,但是几乎所有有孩子的英国家庭在一年中的任何时候都不会露宿街头,更不要说冬天了。只提供住房和早餐的旅馆可能不适合孩子过圣诞节,但是这一现实与读者看到谢尔特的标题时可能想到的冰冷的公园长凳存在很大的差距。

这家慈善组织的用词合理吗?许多看到这个标题并且花钱帮助"无家可归儿童"的人可能不知道他们已经有了住处。严格地说,只提供住房和早餐的旅馆不是家,因此这些孩子的确"无家可归"。谢尔特的说法是真实的,尽管一些人可能会对标题产生误解。

公正地说,谢尔特没有说谎,它的网站上明确指出,该慈善组织主要关注没有个人住房的人。

无家可归的家庭就在你的身边。不过,你看不到他们,因为他们隐藏了自己的处境——有时,他们每天晚上睡在不同地点。虽然他们没有露宿街头,但是这些地点不叫家。他们没有地方吃正餐或者做作业,他们需要与其他许多人共用厕所。最糟糕的是，他们在晚上无法锁门。

如果你在英国或者世界其他地方没有可以居住的家，你就应该被看作无家可归的人。无家可归的人不一定露宿街头。

实际上，谢尔特是想确立"无家可归"的新定义——即没有"永久居住地点"——并用它来代替谷歌图片展示的那种更加流行的定义。

"我和那个女人没有发生性关系"

当克林顿总统被控与白宫实习生发生性关系时，他在一次电视教育演讲的结尾说了这样的话：

> 我想对美国人说一件事。我想让你们听我说。我要再说一遍。我和那个莱温斯基小姐（Miss Lewinsky）没有发生性关系。

之前，在前员工保拉·琼斯（Paula Jones）的民事案件中，克林顿否认与莫妮卡·莱温斯基（Monica Lewinsky）发生了性关系。不过，人们很快发现，克林顿与莱温斯基进行了一些"性接触"，最明显的是口交和雪茄游戏。美国总统似乎在法庭上对着誓言说了谎。作伪证可以成为弹劾的理由，因此这项指控极为严重。

不过，他说谎了吗？

克林顿是律师，知道定义的重要性，因此他在这一章出现了两次。在琼斯案的证言中，他的法律团队成功地将法庭对"性交"的定义范围缩小成了：

> 以唤起或满足任何人的性欲望为目的，接触任何人的生殖器、肛门、腹股沟、乳房、大腿内侧或臀部。

由于"嘴"没有被列入这些身体部位，因此克林顿后来在面对大陪审团时指出，根据这个定义，"任何人"（莱温斯基）对他的口交不能算作他的性交。他在证言中说："如果作证者被他人口交，那么他没有和上面列出的任何部位进行接触，他接触的是另一个人的嘴唇。"奇怪的是，这意味着莱温斯基进行了性交，而他却没有。他的论述基于将"任何人"解释成"任何其他人"，从而将他自己排除在外。随后，这种解释的合理性受到了激烈辩论。例如，这将意味着法庭的性交定义不包括强奸，除非强奸者希望唤起受害者的欲望。

被克林顿团队删除的一部分性交定义是"当事人的生殖器或肛门与另一个人身体任何部位的接触"——这涵盖了克林顿接受的口交。克林顿希望删除这句话的事实意味着他计划通过调整定义影响现实。

克林顿不满足于混淆"性交"的定义，他甚至剖析了"是"的含义。大陪审团要求他对之前关于莫妮卡·莱温斯基的说法

"我们之间没有发生任何事情"做出解释。他的回答可以作为使用定义的完美教材：

> 这取决于"是"这个词语的含义。如果——如果它——如果"是"意味着，意味着我们从未发生任何事情，那么这种说法并不正确。另一方面，如果它意味着我们之间不存在任何事情，那么它就是一种完全正确的陈述……如果有人在那天用现在时态问我，你正在与莱温斯基女士发生任何性关系吗，我就会给出否定的回答。这种回答是完全正确的。

虽然克林顿遭到了众议院的弹劾，但是他被参议院宣判无罪。多数参议员认为他没有作伪证。他们接受了他那复杂的真相，使他得以继续担任总统。

如此定义

定义不是一成不变的。它们会随着时间进化，吸收我们试图描述和经历的世界的复杂性。以本书主题为例。我发明了"竞争性真相"一词，以定义我的主题。不过，当零售商和搜索引擎对这本书进行分类时，他们一定会使用"编织"和"宣传"等关键词。这两个词语带有贬义，暗示了半真半假或彻底的欺骗。事情最初并非如此。

"宣传"（propaganda）一词来自信仰宣传办公室，该组织是由教皇格里高利十五世（Gregory XV）在1622年设立的，用于监督传教工作和对抗新教的传播。几个世纪以来，"宣传"一词并没有比"传播真相"更加阴险的含义，至少教会是这样认为的。这个词语的天主教起源使它在一些新教国家获得了坏名声。不过，纳粹德国宣传部长约瑟夫·戈培尔（Joseph Goebbels）的工作使"宣传"真正成了一个讨厌的概念。在我的词典上，这个词语的第一个定义是"用于推动政治目标或观点的信息，尤其是具有偏差或误导性的信息"。今天，没有人愿意成为宣传部部长。

　　最近，"编织博士"成了领导人政治选举团队中的重要角色。"编织真相"过去表示呈现出事物良好的一面，有时需要略去一些不便的事实——这也是人们对脸谱网和领英个人主页的处理方式。我的词典将"编织"定义为"以某种方式，尤其是有利的方式呈现信息"。根据这个定义，编织是我们在大多数时候的沟通方式。

　　没有一个编织博士声称自己的工作成果是全部真相，但是他们认为他们对于真相的选择性讲述是实现雇主目标的明智、高明、具有道德中立性的方式。"我过去显然为编织博士的身份而自豪。"兰斯·普赖斯回忆道。在为托尼·布莱尔工作之前，普赖斯是英国广播公司一位很受尊重的政治记者。普赖斯非常清楚编织和说谎的区别："说谎不是编织，它仅仅是说谎而已。"如果这是目前的普遍观点，我就会在这本书中更多地使用"编织"一词。由于普赖斯及其上司阿拉斯泰尔·坎贝尔（Alastair Campbell）在唐宁街为布莱尔所做的工作以及其他原因,"编织"现在也变成肮脏的了。

"宣传"和"编织"的流行定义从积极或中性概念转变成了非常邪恶的概念。所以,为了让你更好地理解这本书,我不会过多地使用这两个词语。这本书谈论的是讲述真相。

这本书谈论的是有选择地讲述真相。

"我不是女权主义者,但我信奉平等……"

定义可以自然演化,但我们也可以将一些定义引向具有建设性的方向。在这个性别平等的梦想仍然遥不可及的世界上,有一个词语需要一点帮助,它就是"女权主义"。

在美国哥伦比亚广播公司2005年的一项调查中,24%的美国女性认为自己是女权主义者,17%的美国女性认为这个词语是一种侮辱(只有12%的人认为它是一种恭维)。2013年,当女权电影《末路狂花》中的明星苏珊·萨兰登(Susan Sarandon)被问及"你是否会把自己称为女权主义者"时,她回答道:"我认为自己是人道主义者,因为将女权主义者视作一群聒噪泼妇的人更愿意接受'人道主义者'这个词语。"超过4.5万人在"反对女权主义的女性"脸谱网页面上点了赞。该页面对于自身的描述是:"反对当代女权主义及其有害文化的女性声音。我们根据行为而不是词典定义来判断女权主义。"硅谷最强大的女性之一、雅虎总裁玛丽莎·梅耶尔（Marissa Mayer）宣布："我认为我不是女权主义者……我想，我没有时常伴随女权主义的那种好斗精神和仇恨。"

所以，"女权主义"一词存在形象问题。不过，哥伦比亚广播公司在调查中还发现，当他们将女权主义者定义为"相信两性在社会、政治和经济上应该平等的人"时，认为自己是女权主义者的女性比例从24%上升到了65%。面对同样的定义，认为自己是女权主义者的男性比例从14%上升到了58%。调查数据表明，定义的确很重要，不管"反对女权主义的女性"多么不尊重词典定义。

通过与特定行为的关联，我们可以改变词语的定义，"反对女权主义的女性"也许就是这样做的：如果你看到许多女性自称女权主义者，并且发表对于男性的仇恨，你可能认为女权主义事实上的定义具有令人讨厌的一面。更加积极的定义出现在2014年，当时英国政界要员——包括男性和女性——穿着福西特协会生产的带有"这才是女权主义者"字样的T恤摆出了造型。工党领导人和副首相——二者都是男性——穿着这种衬衫的照片被刊登在了《ELLE女权主义特刊》上。首相戴维·卡梅伦拒绝了《ELLE》的拍照邀请，但他表示："如果它意味着女性的平等权利，如果这就是你所说的女权主义，那么我的确是女权主义者。"

让英国男性首相自称女权主义者显然是这场运动的某种胜利。就连玛格丽特·撒切尔也没有做到这一点。据说，撒切尔夫人曾表示："女权主义者憎恨我，不是吗？我不怪他们，因为我憎恨女权主义。它是毒药。"两位保守党领导人怎么会持有如此南辕北辙的观点呢？答案隐藏在卡梅伦的话语"如果它意味着"之中。

这完全取决于你对于这个词语的定义。

> 定义策略 #3
> 通过修改定义转移辩论方向

就在我们试图为女权主义确定更加积极的定义时，我们对于女性——或者男性——的理解本身也受到了挑战。基本的遗传学没有变，但我们对于性别限制的理解发生了变化。性别流动性曾经是个别情况——比如大卫·鲍威、圣女贞德、格雷斯·琼斯（Grace Jones）——但它正在日益成为主流选项。一些人声称自己具有非二元性别身份。2016 年，杰米·舒普（Jamie Shupe）成了美国第一个得到法律承认的非二元人，这提高了第三性别选项出现在护照、驾照和工作申请表上的可能性。印度、德国、巴基斯坦和澳大利亚已经引入了第三性别选项。

非二元人更喜欢用代词"他们"（they）替代"他"和"她"。"单数的他们"是美国方言协会 2015 年的年度词语。一些人拒绝"标签"，或者选择几乎无法分类的定制身份证明。这种趋势意味着关于性别和性取向的传统定义经常会被看作无益甚至具有压迫性的事物。

定义影响现实的力量最明显地体现在拒绝接受这些定义的地

方。不过，对于定义的拒绝本身就是一种竞争性真相，它会影响那些不喜欢在生活中被分类的人的现实。正如歌手米利·赛勒斯（Miley Cyrus）在 #insta 这一话题下所说："没有什么能够定义我！我可以成为一切！！！"

重新定义一切

如果性别和性取向的流动性可以日益提高，那么性交的定义可能很快就会远远超越比尔·克林顿的歪曲解释。远程控制式性玩具的发展意味着拥有蓝牙和良好互联网连接的伴侣可以在不同大陆上互相提供触觉刺激。虚拟现实可能很快就会让我们走得更远。远程性交已经成了一件"事情"（这里使用了"事情"一词最近发展出来的定义）。不过，它真的是性交吗？这个问题值得商榷。根据定义，你能与不在同一房间里的人性交吗？如果这不是性交，那么用这些设备与伴侣以外的人（或者操作系统）进行远程交流是出轨吗？如果它是性交，那么第三方黑客在你不知道的情况下攻击你的链接又算什么？我们如何定义这种情况？

科技正在挑战许多领域的既有定义。工作、金钱、友谊、教育、战争和语言的定义都在发生像性交那样令人眩目的转变。一个国家对于另一个国家基础设施的网络攻击是否值得对方实施杀伤性军事行动？如果由政府支持的黑客盗取了极为重要的外国银行账户，这是盗窃还是战争？脸谱网上的"朋友"真的是朋友吗?考虑到 like 一词作为社交媒体行为(点赞)和口头禅(比如)的大量使用,这个词语到底意味着什么?随着大规模网络公开课和网上信息资源的发展,我们是否应该重新定义"学习"和"教育"?"工作"和"职业"是否仍然保持着原来的含义?"死亡"永远都是不可逆转的终结吗?

这种由科技驱动的定义变化是营销人员、社会创新者和科技预言家影响现实的绝佳机遇。对于其他许多人来说,这也是一段令人紧张的时期。在充斥着可变定义的世界上生存可能很快就会成为所有人都需要掌握的技能。

如何应用于现实

坦率对待定义。如果修改定义有助于澄清或推动辩论,应及时修改定义。

与时俱进,承认定义会随着其他一切事物的变化而变化。

当心……

为了符合重要定义而对情况做出不同解释的误导者。

对于常用词语使用个人可疑定义的误导者。

第十章　社会建构

> 想象是趋向于变成现实的事物。
>
> ——安德烈·布勒东（André Breton）

人类的创造

非洲西北角正在发生奇怪的事情。

几年前，人们在半岛上建起了一道8公里的围栏，以保护古老的休达港。不久，人们沿着第一道围栏建起了第二道围栏。这些围栏配有运动传感器和防攀爬网格，顶部还有刀片铁丝网。每天，一群被选定的人可以带着巨大的包袱穿过围栏大门。有时，一群人试图爬过围栏，另一群人试图驱赶他们。攀爬者不断被刀片铁丝网划伤，而且面临着摔落后骨折和脑震荡的风险。不过，他们并没有停下脚步。一些人在这个过程中丧命。其他一些人在试图泅水绕过围栏时溺死。

为什么会发生这样的事情？

为了理解休达附近出现的奇怪而危险的行为，我们首先需要知道，这座非洲城市是西班牙的一部分，因此它也是欧盟的一部分。这意味着这座城市的任何人可以毫无阻碍地前往欧洲的几乎任何地方。而且，任何欧盟商品都可以在不交关税的情况下运进这座城市，然后进入旁边的摩洛哥。同样的原则也适用于西班牙的另一个非洲港口梅利利亚。

1998年，西班牙开始在其北非飞地周围建设围栏。欧盟为这个项目提供了几百万欧元。此后，非洲移民一直在考验欧盟的南部防御线。2016年，大约有1 000名移民越过了围栏。不是所有人都如此幸运。2014年，15人在试图泅水绕过休达围栏时丧命。西班牙边境守卫向泅水者发射了橡皮弹。这些守卫后来声称，他们不能救助泅水者，因为他们不能越境进入摩洛哥水域。如果移民被西班牙国民警卫队抓住，就会被立即送回摩洛哥，没有机会申请避难——根据联合国的规定，这违反了国际法。

与此同时，"港口搬运工"——有权穿越休达和梅利利亚边境的摩洛哥男人和女人——每次将重达80千克的包袱搬进摩洛哥，以获得5美元报酬。他们的雇主钻了法律的空子，因为个人穿越边境时携带的任何事物均被视为"个人行李"，不需要缴纳进口关税。所以，本应通过轮船或卡车运输的欧洲服装、轮胎、电子产品、冰箱和工具被穷人扛进了摩洛哥。

休达和梅利利亚附近的奇怪行为不是任何物理现象的结果。这里的确有两座城市、围栏、海洋以及一些荷枪实弹的士兵。不过，肩扛背驮的搬运工和冒着危险攀爬围栏的人受到了其他因素的驱动：国界、欧盟、国际协定、移民法律、治安规程以及欧洲投资和贸易关税。这些因素有一个共同点：它们之所以存在，完全是因为我们共同承认它们存在。它们不具有金鱼或氧气那样的"真实性"，它们是人类想象的产物。

∴

我们将这些想象出来的真实事物称为社会建构。它们可能具有物理表现——围栏、围挡、建筑或代表符号——但它们可以在脱离这些物理表现的情况下完美地存在于我们的头脑中。即使拆除休达和梅利利亚周围的围栏，被我们称为"西班牙"的社会建构仍将长期存在。即使布鲁塞尔和斯特拉斯堡的所有欧盟建筑被拆除，欧盟仍然可以存在。即使欧洲中央银行和马格利布银行收回所有流通的钞票和硬币，为每个人提供数字账户，港口搬运工仍然可以获得欧元或迪拉姆报酬。他们搬到摩洛哥的米其林轮胎可能会分解，但是米其林的品牌和公司仍将长期存在。西班牙、欧盟、欧元、迪拉姆和米其林的真实性不是来自任何物理实体，而是来自我们的共同承认。它们的含义和力量完全来自我们的共识。

作家尤瓦尔·诺亚·赫拉利将社会建构描述为"我们集体想象的产物"。只有当足够多的人相信它们时，它们才会获得真实性。这不是在淡化它们的重要性或影响。美元、印度和脸谱网等社会建构影响了无数人的生活。你不能认为美元是不真实的，或者通过不再相信脸谱网使之消失。

不过，由于社会建构是我们共同想象的产物，无数人为它们的形成贡献了多少有些不同的思想和愿望，因此它们往往会比金钱和氧气等现实生活中的实体具有更大的灵活性。同桌上的蛋或窗外的风景相比,你可以用更多的真实说法描述社会建构。对于支持或反对社会建构的沟通者来说,这种灵活性是一个巨大的礼物。

我们正在脱离欧盟……不管欧盟是什么

据说,在具有历史意义的英国脱欧公投结束后的几个小时里,英国人在谷歌上搜索最多的问题之一是"欧盟是什么"。这引发了许多人的嘲讽和轻蔑。不过,这个问题事实上并不愚蠢。作为一个极为复杂的巨大社会建构,欧盟可以通过许多途径得到真实的描述。这是英国脱欧辩论如此激烈的原因之一:双方都在用有利于自己的角度去描述欧盟。有时,留欧派和脱欧派似乎在讲不同的语言。

欧盟的前身是欧洲经济共同体,是协调成员国自由贸易和经济融合的共同市场和关税同盟。许多留欧派回顾了这段历史,以贸易为主要角度观察欧盟。他们注意到,在加入欧共体之后的几十年里,英国经历了长期的经济恢复和增长。他们认为,英国的经济繁荣与其作为世界最大单一市场的成员的身份之间存在直接联系。对于这个群体来说,关于欧盟最重要的真相全都与贸易有关:离开这个单一市场会使我们受到财务上的伤害。

另一方面,对于这个总部位于布鲁塞尔、正在迅速演化的社会建构,脱欧派有着更加与时俱进的观念。他们知道,欧盟的兴趣和活动远远超出了贸易的范畴。2016年，欧盟引入了法律规章，涉及从污染限制到工作场所安全和电器规范等各种问题。欧盟规则规定了谁可以在英国水域捕鱼、英国真空吸尘器的功率以及英国商品的包装方式。英国公民和公司感觉自己受到了规则的束缚，而制定这些规则的人不是由自己选出来的，其中大多数人来自其他国家。出现争端时，他们要接受欧洲法院外国法官的裁决。当他们隔着英吉利海峡眺望对岸时，他们发现欧盟正在成为一个几乎不会考虑一国公民民主声音的超级政府。他们最喜爱的宣传口号"夺回控制权"体现了他们对于这个社会建构的抗拒。

许多留欧派也知道这个社会建构在其共同市场时代之后的发展，他们喜欢它的前进方向。对他们来说，欧盟对于世界上的两个超级大国——中国和美国——起到了重要的政治和经济平衡作用。它是言论自由、民主、科学进步和法律规则等欧洲宝贵价值观的支持者。它是恐怖主义、气候变化、移民和公司税等跨国问题的完美合作平台。面对复苏的俄罗斯威胁和欧洲以南的各种不稳定力量，它可以在维护和平方面扮演重要角色。

> 社会建构策略 #1
> 社会建构的选择性描述

作为演化中的社会建构，欧盟为留欧派和脱欧派提供了以完全不同的方式描述它的机会。欧盟可以是自由贸易区、未经选举的规则制定者、超级政治力量、道德捍卫者或者防御堡垒。归根结底，欧盟的真相取决于成员的想法。不过，英国在这个问题上已经没有发言权了。

企业的想象

我们对于欧盟等社会建构的感受很容易受到竞争性真相的影响。不过，由于它们是虚构实体，因此社会建构的现实也可以发生变化，有时只需要几句话。实际上，一些人的否定完全可以改变一些社会建构的真相。

我经常帮助企业领导者重新定义公司，用不同词语描述他们的工作、客户、价值观、特点和前进方向。新的词语在真实性上不亚于之前的词语——它们通常会强调企业的不同方面，淡化之前的核心活动。公司的办公室、工厂和库房没有改变（尽管它们有时可能由于这种重新定义而发生改变），但员工、顾客和监管机构对于公司的看法发生了转变。作为具有无限灵活性的社会建构，公司受到了竞争性真相的重塑。

> 社会建构策略 #2
> 重新定义社会建构

许多公司将品牌列为重要资产。这些虚拟真相无处不在，有产品品牌、慈善品牌、政府计划品牌，甚至军事部队品牌。这些品牌都不是真实存在的，不管它们代表的产品、服务和人员多么真实。它们是概念产物，是由想象、语言、音乐、经历、关联和信仰组合而成的。和其他社会建构一样，它们可以自然进化，也可以被人故意修改。

诺基亚品牌经历了不同寻常的旅程。对于早期芬兰消费者来说，这个品牌最初意味着造纸木浆，随后代表了橡胶靴。对于我们这一代人来说，它意味着时髦的小手机。在微软收购和解散其设备业务以后，公司不得不再次对诺基亚品牌进行调整。这个名字没有内在含义——诺基亚是一座芬兰小镇——因此也许具有内在灵活性。不过，微软品牌呢？它是"微机软件"吗？在收购诺基亚之前，微软一直比较忠实于其软件起源，以 Windows 和 Office 两大垄断产品为基础，尽管它也通过 Xbox 和 Surface 平板电脑对硬件领域做了一些探索。现在，这个古老的品牌已经摆脱了"视窗"的束缚。微软正在将自己描绘成与苹果相匹敌的软硬件综合品牌。

苹果自身也经历了品牌拓展旅程，从依赖音乐零售的桌面电脑到后来的智能手机、地图、电视、出版以及其他许多业务。该品牌曾经仅仅与计算机有关；现在，位于库珀蒂诺的苹果总部已将其转变成了设计、品质、可用性和个性化的抽象组合。也许，它完全有可能顺利拓展到太阳能电池板、太空旅行和厨具领域。

考虑到品牌的作用，这些现象非常值得注意。每个专家都会为品牌提供不同的定义，但品牌的核心功能之一是对顾客的承诺。

我们之所以购买 XYZ 品牌而不是另一个更加便宜的品牌，是因为我们相信它的名字、标志、色彩组合或吉祥物所隐含的承诺：XYZ 产品或服务为会我们带来某种（通常是没有表达甚至无法表达的）利益。为了维持这个承诺的信誉，为了在反复交易中维持它的价值，它需要——至少在一定程度上——是真实的。

那么，像诺基亚、微软和苹果这样迅速变化的品牌到底是什么？品牌可以拥有竞争性真相吗？它可以在不同时间和不同地点对于不同的人意味着不同事物，同时仍然维持统一性吗？这个问题在品牌大师之中存在很大争议。像维珍或三星这样的成功品牌转型故事背后都有一个关于品牌步子迈得太大的警示故事。（是否有人想到了芝宝香水和高露洁食品？）在一个市场区域代表奢侈品，但在另一个区域瞄准价值消费者的消费品牌可能在全球化和互联网的曝光下一败涂地。在一个消费市场代表财务谨慎和安全性，在另一个消费市场承诺高风险高收益的银行品牌是在玩火自焚。

不过，品牌的整体趋势已经远离了早期品牌管理常见的严格一致性，更加偏向营销人员目前可以使用的众多媒体和社交媒体平台的流动性。过去，品牌形象与核心产品和服务存在紧密的联系（宝马意味着汽车，吉列意味着剃须刀）。现在，品牌塑造者更加注重品牌与核心原则、价值观或情感的联系。他们是想把品牌与基础性事物相联系，使品牌获得几乎无限的寿命和深刻的含义。当然，这些品牌可以捆绑的产品和服务具有无限的灵活性。同

"安全的空中旅行"相比,代表"环保责任、娱乐性和家庭团结"的品牌在未来的业务活动上更加不受限制。在各家公司都在从根本上重新考虑自身所在行业的时候,这种灵活性是很有帮助的。

不过,这可能会产生问题。如果品牌不再为你所购买的产品或服务做出任何直接承诺,它还能传达具有任何实际后果的真相吗?我们能够从万宝路或哈雷戴维森品牌的服装上得到关于它们的哪些真相?带有塞恩斯伯里和特易购超市标志的抵押贷款和活期账户呢?

归根结底,品牌需要提供的真相不仅仅是"我们是你听说过的成功公司,因此你可以信任我们的产品"。它们需要传达产品或服务的另一层价值,不管它是精通技术、环保责任、魅力还是意义。而且,它们需要在迅速而激进的变革日益常态化的企业环境中做到这一点。因此,多个真相是不可避免的,其中一些真相看上去还会相互矛盾,即使它们能够得到不断变化的企业业务某个方面的支持。当品牌出现竞争性真相时,你应该让组织里的所有成员用口径一致的好故事说明它们是如何组合在一起的。

对抗压迫的虚拟盾牌

社会建构可以改变,也可以创造和消除。合适的话语可以像神奇的咒语一样创造出一些社会建构。曾经不真实的事物可以变成现实。

> 社会建构策略 #3
> 创造或消除社会建构

我们所发明的最重要的真相之一是人权观念。如果你相信人权在某种程度上是一种内在人性，请考虑我们的历史。在所有有人居住的大陆上，无数人被饿死、奴役或屠杀，他们的权利没有得到太多考虑。将历史上大多数时候不为人知或者没有被人讨论过的权利看作自然或内在权利并不是一件容易的事情。

人权甚至存在自相矛盾之处：个体自由是人权的核心，但是大多数人权都要限制人们的自由，包括伤害他人的自由。著名哲学家杰里米·边沁（Jeremy Bentham）嘲讽说，作为人权前身的自然权利是"踩着高跷说出的谬论"。

不过，一些出色的沟通者仅仅凭借语言就使人权在全世界获得了法律效力。

宣称生存和自由等权利天然、普遍和不可剥夺的运动始于约翰·洛克（John Locke）、伊曼纽尔·康德（Immanuel Kant）、托马斯·潘恩（Thomas Paine）和让-雅克·卢梭（Jean-Jacques Rousseau）等启蒙哲学家。《弗吉尼亚人权宣言》（1776）宣称："所有人生来具有同样的自由和独立性，并且拥有一些固有权利。"这份由乔治·梅森（George Mason）起草的文件鼓励托马斯·杰斐逊（Thomas Jefferson）在《美国独立宣言》中提出了更加有名的观点："所有人生而平等，并被造物主赋予了一些固有权利，包括生存、自由和追逐快乐的权利。"几年后的法国大革命在《人权和公民权宣言》(1789)中提出:"这些权利包括自由、财产、安全和抵抗压迫的权利。"

不过,直到二战结束后,人权才在世界上获得了今天这样重要的地位。全世界的政治领导人震惊于犹太人大屠杀的暴行,他们在新成立的社会建构即联合国的帮助下走到了一起,提出了《世界人权宣言》(1948)。人类第一次提出了一组全面的基本人权,而且全世界都同意保护这些权利。正如宣言的序言所说:"承认人类大家族所有成员的固有尊严以及平等而不可剥夺的权利是全世界自由、公正和和平的基础。"

宣言的30项条款覆盖了生存、自由、法律面前人人平等、杜绝奴役和拷打等没有争议的预期内容。它们还包括不太显而易见的思想,比如国籍权、保护作家物质利益的权利、休闲权以及享受艺术的权利。你很难相信这些明显具有武断性的说法存在于我们的基因编码之中,或者全都是上帝赋予我们的。虽然它们值得称赞,但是我们必须承认,这些所谓的权利至少有一部分是人类思考和经历的产物,不是我们这个物种的固有特点。换句话说,它们是社会建构。2016年,联合国甚至通过了一项决议,称"故意阻止或干扰人们访问或传播网络信息的措施"违反了人权法。还是那句话,任何40岁以上的人都很难将访问互联网看作人类的重要生存条件。

不过,不管人权具有多大的人为因素,被国际社会坚定采纳和强化的人权思想已经给人类带来了巨大的好处。人权非常真实地限制了政府权力对于我们重要事务的影响力。面对违反人权的公开报告，最严苛的暴君也不得不采取更加温和的行为。就连继续推行专制残酷政策的政府也有所收敛，希望给人留下尊重人权的印象。

当然，作为社会建构，人权法律得到了各种解释。欧洲人权法院禁止驱逐一些国外罪犯，要求囚犯获得投票权，因此该法院在英国非常不得人心。在一份英国小报看来，欧洲人权法院最近的判决意味着《欧洲人权公约》（1951）"完全变成了罪犯的特权和左翼律师的机遇"。作为社会建构，所有法律都可以在判例和解释的帮助下进化。比其他法律更加模糊、更加理想化、更具政治色彩的国际人权法律可能更容易受到制定者从未预料到的滥用。

不过，人权思想这一精彩的虚拟真相仍然是许多人对抗暴行，以免过上祖先那种悲惨生活的最佳防御武器。它是一个宝贵的假想事物。

点石成金

很少有像金钱这样为人类进步做出巨大贡献的社会建构。从玛瑙贝壳和黄金到欧元和比特币，我们共同承认的众多价值储备使我们能够交易、规划经济活动并且投资于其他企业。没有一致的价值储备，我们可能仍然生活在不安全的石器时代。不过，所有这些价值储备都是想象的产物。我们使用的大多数钱币叫作"法币"（fiat money），是由政府法令确立的，不代表任何具有基本价值的资产。fiat 是拉丁词语，表示"让它成为"，是我们通常认为由全能神或疯子发出的那种无中生有的命令。为了让这些货币拥有价值，我们必须相信和信任创造它们的政府和中央银行——后者本身也是社会建构。

只有通过共同想象，只有大家共同放弃疑虑，金钱才能发挥作用。

当人们失去对于某种价值储备的信心时，我们可以痛苦而清晰地看到这一点。当人们失去对政府和货币的信心时，阿根廷比索、津巴布韦元和魏玛德国时期的马克发生了剧烈变化。这些货币的真相在几个星期的时间里发生了转变。

不过，价值储备在大多数时候运转良好。创造它们是值得的。20 世纪 90 年代完全通过政治意愿凭空创造出来的欧元已经成了世界上最强势、最被普遍接受的货币之一。它的形成完美地展示了社会建构的虚拟性质：欧元诞生于 1999 年 1 月 1 日，但是它的纸钞和硬币直到 2001 年年末才出现。在将实体欧元塞进钱包之前，你就可以用欧元提取贷款购买各种物品了。

欧元区国家的居民别无选择，只能以欧元的形式获得薪水和购买物品。不过，许多前卫科技人员正在试图改变这一点。在价值储备的漫长历史中，比特币等加密货币是出现最晚的创新。它们与其他货币具有同样的虚拟性和"真实性"。法币和加密货币的主要区别在于,前者受到了政府的支持。不过,正如我们在巴西、阿根廷、津巴布韦和魏玛德国的例子中看到的那样,这种支持可能不是很有价值。实际上,我们知道,政府会故意降低本国货币的价值——从而减少持有者的财富——以便减轻以这些货币计算的国家债务负担。

因此,加密货币的支持者将它们相对于政府的独立性看作一件好事。比特币及其竞争对手完全依赖于我们对其价值的共同信心,所有的政府和中央银行既不会支持它们,也不能单方面降低它们的价值。比特币等加密货币所依赖的区块链技术还带来了其他好处:比特币无法有效伪造,而且不能被第三方抢夺;交易无法被跟踪或阻截,交易成本可以忽略不计。不过,在许多人看来,加密货币最主要的优势是相对于政府这一社会建构的独立性。只有比特币的使用者可以决定比特币的价值。它是一种极为民主的价值储备。它是否能够持续成为足够多的人的共同想象产物仍然有待观察。

展望人造未来

社会建构接下来会将我们带向何方?我们还会想象出哪些帮助或束缚我们的真相?一个可能的答案是优步和爱彼迎等科技平台推出的个人评级。这个纯虚拟概念已经为出租车司机、保姆、开发人员和其他自由职业者带来了重大影响。如果这个概念扩展到生活中的其他领域呢？如果我们以同样的方式评价朋友和情人呢？

巧妙的反乌托邦电视剧《黑镜》在某一集采用了这个想法：每个人被赋予一个公开评级分数，他们遇到的任何人都可以上调或下调这个分数。较高的分数会带来备受追捧的邀请、就业机会和更好的住房，较低的分数会带来尴尬的表情和不信任。在电视剧呈现的世界中，人们甚至会对陌生人热情有加，但一连串霉运也会使你受到排斥和拒绝。

此时，我们需要记住，作为人造真相，社会建构是可变的：如果我们不喜欢，我们总是可以联合起来，改变或消除这些社会建构。我们无法改变水的沸点，但我们可以根据意愿改变"欧盟""比特币"和"社会评级制度"。这些真相的含义和力量完全来自我们的共同承认。

如何应用于现实

承认社会建构是我们想象的产物,我们可以在需要时改变它们。

在灵活性允许的条件下,尽量以有益的方式定义社会建构。

如果你拥有必要的影响力,你可以对社会建构做出不同的描述,从而修改社会建构。

当心……

对于重要社会建构进行高度歪曲的误导者。

创造有害社会建构的个人、机构和政府。

第十一章　名字

> 如果玫瑰被称为蓟或臭菘，它就不会像现在这样美好了。
> ——L. M. 蒙哥马利（L. M. Montgomery）
> 《绿山墙的安妮》中的安妮·雪莉（Anne Shirley）

人造地球

我们出生于全新世，这一地质时期始于大约 11 700 年前的上一次冰期。当我们去世时，前面这句话可能已经不成立了。我们可能很快就会宣布，我们出生于人类世。

请问问你自己：如果智人从地球上消失，他们会留下什么遗迹？除了石化骨骼，大多数物种留下的遗迹少之又少。它们也许会留下一些保存下来的脚印，或者藏在琥珀里的一点 DNA。相比之下，当我们灭绝时，我们将在身后留下毁灭的城市、公路、种植系统、河道、铁路、沉船以及数不清的塑料。地质学家开始思考这些人造事物会有多少留在地质记录中。在我们消失 100 万年以后，外星地质学家会探测到我们存在的哪些证据？

混凝土是最有可能遗留下来的人类标志，尽管它可能不会具有目前的形式。未来地质学家可能会善于发现消失已久的城市周围散落的混凝土鹅卵石。一些塑料可能会在合适的沉积环境中永远存在下去。由于化石燃料的燃烧和化肥的广泛使用，地球的化学成分将会发生明显的变化。水坝、矿山和运河可能会留下永久的伤疤。最明显的痕迹也许是其他物种化石记录的剧烈变化：大象和老虎将从化石记录中消失，鸡的规模将会增长，其覆盖范围将会扩展到目前的大部分土地上。

根据这种关于未来地质记录中人类标志的预测，大气化学家保罗·克鲁岑（Paul Crutzen）指出，我们已经进入了新的地质时代，即人类世。他的观点获得了支持，一群地质学家提议将人类世作为一个正式的时代。各种地质组织正在辩论这个问题，许多科学家已经开始非正式地使用这个词语了。一个关键问题是这个地质时代的开始时间。一些人的建议是工业革命，另一些人的建议是新石器革命。人类世的研究团体认为，首批核武器试验中散落在世界各地的放射性元素是一个明显的化学标志，可以用于定义精确的地质边界。

如果我们大多数人出生的地质时期被更名，这有什么意义呢？对于克鲁岑等气候专家来说，新的名字是我们正在对地球造成永久性影响的重要标志。对于环保主义者来说，它可以成为迫使我们所有人改变生活方式的警钟。"人类世告诉我们，我们正在玩火，我们可能会为这种具有潜在鲁莽性的行为模式感到后悔。"气候学家克里斯·拉普来（Chris Rapley）说。

当然，真正改变的是我们对于自己以及我们在地球上扮演的角色的感知。不过，更名建议生动地捕捉到了这种感知。《经济学人》2011年特刊《欢迎来到人类世》宣布："这就像是哥白尼认识到地球围绕太阳运行一样。在这类事件中，一项科学发现可以从根本上改变人们的观念，这种改变远远超出了科学的范畴。"

"它成了一项政治宣言。这也是许多人的愿望。"斯坦·芬尼（Stan Finney）说。芬尼是国际地层委员会前主席，该组织将为人类世被正式承认举行最终投票。

大多数地质学家不会从价值上判断人类对地球的影响。不过，如果新的名字可以鼓励我们更加深入地思考人类行为的持续后果，那么这绝对是一件好事。"此次更名将会突显人类作为地球管家的巨大责任。"保罗·克鲁岑写道。可以想象，这将对我们的思维模式、行为以及地球的未来造成很大影响。

命名与羞耻

命名曾经被认为是神奇的事情，因为我们为一个人或事物赋予的名字会影响世界看待他们的方式。我们很难认真对待名叫"逃兵役者"的军阀或者名叫"狡猾"的外科医生。因此，名字会影响我们对人和事的反应。一项研究发现，在波士顿和芝加哥，同"听上去像是非裔美国人"的名字相比，由"听上去像是白人"的名字提交的虚拟工作申请获得的面试通知多了 50%。其他一些研究发现，名字不太常见的人获得工作机会的概率要小一些。

我们自己的名字会以奇怪的方式影响我们。一个营销和心理专家团队的研究表明，我们倾向于支持与我们的名字具有相同首字母的品牌或产品。研究人员请被试者根据他们对糖果的"感觉"为每个产品评分。结果，和群体平均值相比，人们会为与自己名字首字母相同的品牌给出更高的分数。

当我们为新的产品、组织、计划、企业甚至法律命名时，这些名字会对现实产生更大的影响。

> 名字策略 #1
> 用煽动性的名字游说

我们一般认为，当一个罪犯已为他的罪行付出代价时，他就应该获得第二次机会，受到和其他人一样的对待。美国的性罪犯就不是这样了。1994 年，7 岁的梅根·坎卡（Megan Kanka）被保释的性罪犯强奸并谋杀。此后，她所在的新泽西州迅速颁布了"梅根法"，要求公开社区里的高风险性罪犯。联邦政府两年后通过了"梅根法"，美国其他各州也迅速颁布了类似法律。因此，美国性罪犯不得不带着无法摆脱的社会污点生活，这使他们很难找到住房和工作，并且很难交到朋友。一些人受到了语言和身体上的虐待，一些人成了警戒主义的受害者。

这对已经陷入困境的个体来说是一项严厉的措施——一些人在青少年时期就已经上了性罪犯名单。然而，如果它能有效减少性犯罪，那么它在社会层面上也许是合理的。不过，几乎没有证据表明"梅根法"取得了理想的效果。

根据备受尊重的儿童慈善组织"英国全国防止虐待儿童协会"的说法,"虽然这部法律受到了父母的欢迎,但是没有证据表明性罪犯名单的公开提高了儿童的安全。没有证据表明"梅根法"减少了再犯罪"。罗格斯大学和新泽西矫正部门的研究得出了相同的结论。这并不令人吃惊,因为大多数对未成年人的性侵犯是由家人或熟人进行的。在美国,陌生人作案只占这类案件的7%。另外,有证据表明,一些性虐待犯罪"由于担心在社区里被公开"而没有得到报告。这部法律可能会使性罪犯转入地下,使他们更加危险。这一现象在多大程度上源于这部法律的名称?当你听到它的名称时,你很难不立即想到那个小女孩和她的命运。这是否影响了我们对这项措施的有效性和公正性的评估?这部法律的煽动性名称与公众对其极端苛刻措施的持续支持之间是否可能存在联系?

公共法讲师布赖恩·克里斯托弗·琼斯博士(Dr Brian Christopher Jones)在其论文"从无害到煽动:法案命名对于政策过程的操纵和影响"中写道:"反对'梅根法'这类提案的人会被默认为对梅根及其家人以及/或者其他受到犯罪影响的人漠不关心。"他接着写道:

> 这种措施会使人想起出现在法案名称中的人员,从而产生重要的法律影响。因此,在为公共法律提案投票时,同情相关个体但却不同意法律提案的反对派立法者将会处在很不体面的位置。

难怪"梅根法"在美国众议院以418：0的票数获得支持，并在参议院以一致同意获得通过。这就是名字的力量。

⁂

即兴创造的名字可以起到抹黑和唱衰的作用。特蕾莎·梅在2017年英国选举期间的主打政策之一就是改变成年人社会赡养的资金来源。她提出的规则是，如果在自己家里接受政府赡养的人拥有超过10万英镑的资产——包括房屋——那么他们需要支付更多费用。他们的赡养费用将在死后从他们的财产中扣除。这项政策是一次明智的尝试，是为了解决英国由于寿命延长而导致的社会赡养成本的急剧上升。在一些人看来，这也是一项公平的建议，因为它将支付社会赡养费用的负担从买不起个人房屋的年轻纳税人转移到了从房屋大幅升值中受益的老人身上。

这项政策被一个名字扼杀了。在野的工党用一个古老但却仍然十分恶毒的词语"痴呆税"来轻蔑地描述这项新的提案。根据阿尔茨海默症协会的说法："痴呆症患者面临着比其他群体更加昂贵的赡养成本，不得不用大部分财产支付赡养费用。这就是赡养费被称为'痴呆税'的原因。"

虽然许多需要在家接受赡养的人没有痴呆症，但是这个名字的力量足以产生政策危害。年轻的投票者本应欢迎这项减轻个人税收负担的政策，但他们却将特蕾莎·梅看成想要攻击自己患病祖父祖母的怪兽。保守党在民意测验中失去了巨大的领先优势，这在很大程度上源于这项政策。不管让那些住在昂贵房屋里的老年人为自己的赡养服务支付更多费用有什么好处，"痴呆税"这个名字已经使大多数英国政客失去了重新提出这个想法的勇气。

> 名字策略 #2
> 用负面外号抹黑

谷歌发布头戴式数字显示设备"谷歌眼镜"时，也经历了类似的命名挫折。这款设备位于一只眼睛正前方，可以使用户在移动时充分接入互联网。用户可以在走路时看地图，在洗衣时阅读电子邮件，在乘坐云霄飞车时录制视频，或者在外出跑步时接收脸谱网通知。科技人员和科幻爱好者一直在期待这种神奇产品。

不过，谷歌眼镜有一个讨厌的地方：用户可以通过眨眼拍照。当戴谷歌眼镜的科技爱好者朝周围的人眨眼时，人们觉得他们的隐私受到了侵犯。关于"眨眼"功能，谷歌支持页面提供了下面的指导：

礼仪

请在使用眨眼功能时做出最佳判断。请留意你的眨眼对象，并在眨眼时注意周围的环境。你不应该给人留下错误的印象。

谷歌还从整体上督促谷歌眼镜用户尊重他人隐私，不要做出

"怪异或无礼"的表现。公司在眼镜礼仪上为用户提供的指导并没有安抚众多不想在自己不知情的情况下被人拍照或录像的人。另一些人讨厌谷歌眼镜的用户在谈话过程中查看推特或脸谱网推送的习惯。你永远不知道戴着谷歌眼镜的人到底在做什么,即使他就站在你面前。一些人还产生了更加阴暗的担忧:谷歌眼镜用户是否可以通过谷歌图像识别软件识别街道上的陌生人?这对于宝贵的城市匿名环境意味着什么?

人们以起外号的方式进行了强烈抵制。谷歌眼镜用户很快被称为"眼镜混蛋"。这个词语产生了毁灭性的效果。不管你多么喜欢在欣赏落日时阅读电子邮件,或者像半机器人一样招摇过市以给人留下顶尖科技引领者的形象,你真的愿意被人贴上"眼镜混蛋"这个简洁的标签吗?在为眼镜项目投入了未披露的——很可能不少——资金以后,谷歌在2015年1月停止了该产品的销售。虽然面向工业用途的谷歌眼镜在2017年重新发布,但它不太可能在短期内重新出现在消费者脸上。

∴

通过起外号抨击别人的做法并不总是有效的。在2016年美国总统选举前的一次纽约募捐活动上,民主党候选人希拉里·克林顿宣布:"粗略地说,你可以将特朗普的一半支持者归入我所说的'可悲者'之中,不是吗?种族主义者、性别歧视者、同性恋恐惧者、外国人恐惧者等。"她给这些人起了"可悲者"的名字,这个之前没有被词典编纂者承认的复数名词成了进步人士为可能具有不自由态度和倾向的特朗普支持者贴上的标签。不过，这个名字对克林顿起到了反作用。人们觉得她是精英主义者和势利眼，因为她用一句话贬低了1/4的选民。与此同时，特朗普的粉丝接受了这个刻薄的名字，他们穿戴着印有"我是可悲者"这一自豪信息的T恤和帽子参加集会。在特朗普就职前夕，他最坚定的支持者戴着黑色领结出席了"可悲舞会"。

特别、美丽和独特

查克·帕拉尼克（Chuck Palahniuk）1996年的小说《搏击俱乐部》有许多佳句，比如下面这句精彩的羞辱：

> 你并不特别。你不是美丽而独特的雪花。

20年后，"雪花"成了广泛流行的轻蔑词语，指的是新一代超级敏感、备受呵护、自高自大的年轻人。雪花通常是指脸皮很薄的千禧一代，他们非常自恋，有点像婴儿，更愿意冒犯别人而不是承担责任。雪花们被描绘成就业不充分、喜欢自拍的小皇帝，他们仍然和父母生活在一起，认为努力就应该获得回报，而且很容易被激烈的辩论和他们不认同的观点所困扰。这个名字总是具有贬义。例如，小说家布雷特·伊斯顿·埃利斯（Bret Easton

Ellis)在播客上谴责"小雪花般的正义勇士"是"爱哭鼻子、软弱无能的小自恋者"。

不管关于"雪花一代"的感知是否准确公平,这个名字已经在整个政界流行起来。布莱特巴特学派的保守主义者嘲笑雪花对移民权利和气候变化的态度和不安。自由主义者为大学校园里的雪花感到惋惜,这些雪花要求获得"安全空间",经常引发警报,或者拒绝容忍与他们观念相左的外来演讲者。雪花这个名字似乎符合许多老人对社会上最年轻的成年人的印象。2016 年,"雪花一代"成了《柯林斯词典》年度十大词语之一,《金融时报》则将"雪花"评选为影响当年的 12 个词语之一。

这样一个嘲讽性词语为什么会如此迅速地在人们心中扎根呢?我们为什么这么喜欢侮辱一代人呢?许多嘲笑雪花的人拥有符合这一形象的同事和家人。我们这些老人为什么如此刻薄呢?

坦率地说,这可能是因为我们感到了威胁。受过高等教育、上了一定年纪的评论家不仅对于"检查你的特权"这样的表达方式感到困惑,而且对于大学限制言论和审查的泛滥感到不安(尽管这并不是新鲜事物)。埃利斯在长篇播客中暴露了自己的焦虑:"这些小纳粹在语言监督方面对于男人和女人应该和不应该使用的表达方式设置了新的规则。"他提到了保护言论自由的第一修正案。显然,他认为这部修正案受到了他所批评的雪花们的威胁。他声称:"我们进入了真正的文化专制时期。这是一种很大的倒退,它非常可怕,非常不真实,就像一些反乌托邦科幻电影一样:

你只有一种表达自我的方式。"

考虑到我们的大部分历史，对限制言论自由产生焦虑不是没有道理的。按照我们的意愿表达和思考的权利是宝贵的，它对于民主社会非常重要。还有许多人讨厌他们眼中由年轻人主导的媒体，而这些媒体对移民、种族、性别和性取向等问题可以接受的表达方式设置了标准。在进步观念盛行的地方，"我再也不能表达我的想法了"是一句常见的抱怨。在一些问题上，我们一直认为我们持有主流观点。当这些领域的道德高地似乎被年轻一代占领时，我们自然会感到不安。

所以，恐惧和憎恨很可能是"雪花"一词流行起来的原因。这很危险，因为它意味着这个名字不是笑话，不是简单的挖苦，而是一种武器。

名字可能带来严重的后果。名字可以增加不同群体的分歧。老一代人可能会相信关于雪花一代的描绘，认为所有年轻人都是如此。他们可能会将好莱坞、英国议会和其他地方出现的性骚扰报告看作雪花一代过度敏感的另一个证据。与此同时，已经被找工作、付清学生贷款和买房困扰的千禧一代又多了一项对于社会其他群体的不满。关心环境和社会包容性等千禧一代令人钦佩的特点可能会被代际嫌隙边缘化或磨平。如果我们不想加深年轻人和成熟群体之间的鸿沟，我们就应该努力避免使用这个富于表现力却具有破坏性的名字。

拔牙

  名字似乎是永远固定不变的事物。当一个名字被选定时，它就会固定下来，成了唯一的真相。不过，名字并没有被刻在墓碑上。天使曾将雅各（Jacob）更名为"以色列"（Israel），这是《创世记》中的重要时刻。女性在结婚时常常会获得丈夫的姓氏，这有力地宣布了她们的身份变化和承诺。一些人在成年后会抛弃讨厌的教名，一些人出于恐惧或名誉方面的原因而改变姓氏。一个不满的银行顾客决定通过单边契据将名字改成"约克郡银行公司是法西斯恶棍"，以抗议过高的收费。当银行关闭他的账户时，他们不得不用这个名字给他开支票。

  国家的名字会发生变化，用于纪念独立或新的意识形态倾向。城市和街道的名字也会被人更改，以纪念名人。俄罗斯城市圣彼得堡经历了两次更名，随后又恢复了最初的名字。西贡市被更名为胡志明市，因为北越在领导人胡志明的鼓励下占据了这座城市。更名后的城市获得了完全不同的性格。2015 年，马德里左翼市政府决定为 30 个与前独裁者弗朗哥将军（General Franco）有关的街道和广场更名。两年前，津巴布韦总统罗伯特·穆加贝（Robert Mugabe）决定将维多利亚瀑布更名为莫西奥图尼亚，以摆脱殖民时代的标志。更加渐进式的演变发生在澳大利亚，那里的艾尔斯岩在 1993 年更名为艾尔斯岩/乌鲁鲁，并在 2002 年更名为乌鲁鲁/艾尔斯岩，用以表示对当地阿南古人的尊重。

公司和其他组织也会更名，以澄清或改变它们的使命，吸引新的市场，或者避免不好的联想。外国顾客认为东京通信工业公司这个名字很拗口，但采用索尼这个名字就可以获得不错的销量。当"大脑麻痹"成为侮辱性词语时，大脑麻痹症协会更名为斯科普。老式的"主人的声音"缩写成了HMV这一时尚录音标签。取代早已过时的盎格鲁－波斯石油公司的英国石油公司后来更名为BP，以反映它的全球业务和所有权（贝拉克·奥巴马在表现国家主义姿态时似乎忘记了这一变更，称借给"英国石油"的石油钻井平台污染了美国墨西哥湾沿岸）。

我们可以改变我们的名字，改变国家、公司和城市的名字。当然，我们也可以改变事物的名字。正如我们在斯坦福蔬菜实验中看到的那样，通过改变事物的名字，我们可以改变它们的含义以及人们对于它们的反应。

> 名字策略 #3
> 通过改变名字来改变感知

巴塔哥尼亚齿鱼不是一种漂亮的动物。如果你很苛刻，你可能会说，这种来自南部深海的大型灰色生物拥有类似于妖怪的外表。它那突出的眼睛、不正常的大嘴和尖利的牙齿使它成了一种极其丑陋的鱼类。它的名字比它的外表更加令人反胃：谁愿意吃齿鱼呢？

就连将巴塔哥尼亚齿鱼捞出水面的渔民也对它不太感兴趣。它的肉平淡无味,富含油脂。当船只达到满载水线时,这种鱼常常被扔回海里。运输、收拾和烹饪如此缺乏味道的鱼有什么意义呢?

1977 年,美国鱼类进口商李·兰茨(Lee Lantz)碰巧在智利港口城市瓦尔帕莱索的码头上看到了小鳞犬牙南极鱼。"这种鱼看上去很奇特,"他说,"它到底是什么?"他得到的回答是"深海鳕鱼"。

"没有人知道它能干什么。"他的智利合伙人说。

几天后,兰茨在智利首都圣地亚哥的鱼市上闲逛,再次看到了这种鱼。他感到好奇,于是买了一片,做了炸鱼。这种鱼的确没有什么味道,但它的肉质潮湿、油滑而柔软,白色的肉几乎可以在嘴里融化。同圣地亚哥当地的消费者相比,美国人也许更能忍受平淡的味道,更喜欢油滑可口的肉质,兰茨想道。实际上,味道的缺失甚至可能是一个优点:这种鱼可以充当完美的空白画布,美国厨师可以根据意愿调配自己的味道,添加酱料、草药和辣椒。

不过,它不能使用现在的名字。叫"深海鳕鱼"几乎没有什么新意,可谁又会在点菜时选择齿鱼呢?

当兰茨将第一批巴塔哥尼亚齿鱼运往美国时,他思考了各种选项。美国食客喜欢海鲈,他想。所以,为什么不试试这个名字呢?超过 100 个鱼类物种都在使用海鲈这一名字,所以再加上一种也无伤大雅。巴塔哥尼亚齿鱼的肉像海鲈一样呈薄片状，而且二者都是白色的，因此食客不会感到吃惊和不快。实际上，小鳞犬牙南极鱼是鳕银鱼，不是鲈鱼，但兰茨对此似乎并不在意。

他想将他的鱼称为"南美海鲈"或"太平洋海鲈"，但是二者听上去太普通了。所以，考虑到他在瓦尔帕莱索第一次看到这种鱼，他将其称为"智利海鲈"。这个名字听上去很时髦，具有原创性和异域风情。它很完美。

17年后，美国食品和药物管理局承认，智利海鲈是巴塔哥尼亚齿鱼及其近亲南极齿鱼可以接受的"市场替代名称"。此时，小鳞犬牙南极鱼已经从几乎不为人知的深海废品转变成了时尚菜单上最受追捧的菜品之一。智利海鲈最初被用作黑鳕等知名白鱼的廉价替代品，随后成了纽约阿瓜格里尔（做法为添加味噌汁）和伦敦异乡人（在黑松露酱中翻炒）等餐厅的昂贵热销菜品。名字的变更为它带来了奇迹般的销路。

这种更名对于鱼类本身的影响就不那么令人愉快了。巴塔哥尼亚齿鱼在历史上的大部分时间里生活得很平静，但它们突然成了渔船的目标，这些渔船配备了在水下延伸数公里的渔网，每条渔网带有1.5万个诱饵钩。一艘船每天可以捕到20吨的鱼。虽然人们试图管理和控制捕捞活动，但是大多数巴塔哥尼亚齿鱼是在远离人们视线的国际水域捕捞的。这种鱼的非法捕捞活动十分猖獗。到了世纪之交，环保人士对于齿鱼种群的迅速减少感到非常担忧，他们开展了"放过智利海鲈"运动，劝说数百位餐厅厨师将这种鱼移出菜单。

巴塔哥尼亚齿鱼不是迅速经历消费者发现、全球流行、种群崩溃和保护性抵制这一周期的唯一鱼类物种。鹅鱼和瘦头鱼都有过类似的经历。有刺狗鲨曾经是地球上最常见的鲨鱼,但是它们的数量减少了大约95%。这4个物种有什么共同点?它们都在更名之后获得了消费者的喜爱。在炸鱼和薯条商店里,"僧鱼"这个名字较之"鹅鱼"有所进步,"岩鲑"则比"有刺狗鲨"好听得多,"橘棘鲷"的可口程度比"瘦头鱼"强一万倍。现在,这4种鱼都进入了绿色和平组织的禁食鱼类红色名单。正如《华盛顿邮报》2009年所说:"如果瘦头鱼还叫瘦头鱼,它就不会遇到这种麻烦了。"

并非所有鱼类的更名都产生了负面影响。听上去很恶心的泥虫被更名为"小龙虾",得到了可持续养殖,成了路易斯安那的美味特产。海豚鱼使用了它的夏威夷名字马希马希,以免让食客觉得他们在吃一种可爱的哺乳动物。皮尔彻德鱼以康沃尔沙丁鱼的名字得到了人们的喜爱。目前,人们试图通过更名对抗亚洲鲤鱼在北美的传播。

作为大型淡水鱼类,亚洲鲤鱼被视为密苏里河和密西西比河等美国河流生态系统的重大威胁。人们正在花费数亿美元,希望将亚洲鲤鱼挡在五大湖之外。亚洲鲤鱼在20世纪70年代被故意引入美国。它们繁殖得很快,在一些重要水道赶走了其他大多数鱼类。环保主义者和渔民都在急于摆脱亚洲鲤鱼。

正像我们在巴塔哥尼亚齿鱼的不幸案例中看到的那样，摧毁鱼类种群的一个好办法就是让世界各地的食客们对它产生消费需求。遗憾的是，大多数美国人不喜欢亚洲鲤鱼，尽管这种鱼很好吃，在母国中国被视作美味。因此，由厨师菲利普·帕罗拉（Philippe Parola）领导的团队借鉴了智利海鲈的经验，将亚洲鲤鱼更名为"银鳍鱼TM"。他们希望这个名字对美国食客产生更大的吸引力，从而鼓励更多渔民打捞这种鱼。

∴

营销人员可能会出于商业原因为食物更名，但是食品名称有时也会成为政治上的战场。第一次世界大战期间，美国人将酸菜更名为"自由卷心菜"，以消除这种流行食物的德国色彩。当法国拒绝支持入侵伊拉克时，美国国会将法式炸薯条更名为"自由炸薯条"。就连亚洲鲤鱼也由于政治原因得到了第二次更名。2015年，明尼苏达参议院批准将这种鱼更名为"入侵鲤鱼"，因为将不受欢迎的外来者称为"亚洲鲤鱼"的做法被认为是一种冒犯。

肆虐的野兔

更名在政治领域非常重要。如果某个问题存在争议，一个有效的策略就是更改某个关键辩论元素的名字。反堕胎倡导者很早就知道，作为"支持生命"活动家，他们可以获得更大的力量。他们的反对者更愿意被称为"选择支持者"而不是"堕胎支持者"。有时,精心选择的名字可以使某个观点获得公众的支持。英国前国防部长迈克尔·赫塞尔廷(Michael Heseltine)宣称,当他的宣传团队在 1983 年决定不再谈论"单边裁军"(unilateral disarmament)——"一件非常美好、善良、舒适的事情"——而是让大臣们反对"单方面裁军"(one-sided disarmament)时,保留核武器的观点终于获得了支持。"单方面"意味着另一方将会获得优势。"单方面"意味着自己一方做了一回傻瓜。"这个仅仅由两个词语组成的概念绝对是辩论的核心。"赫塞尔廷说。

美国政治顾问弗兰克·伦茨由于支持共和党政策目标的"标签重定义"策略而声名狼藉。伦茨身体超重,衣冠不整,有着极为幼稚的面孔,喜欢将运动鞋和商务西装搭配在一起。他是极为成功的民意测验者和沟通者,受到了电视台和企业总裁的追捧。他拥有牛津大学政治学博士学位,但他却说:"除了美国人的想法,我什么也不知道。"这种洞见使他非常善于理解哪些名字和标签能够使公众产生共鸣。

用伦茨环球公司网站上的话来说:

> 在政治领域,我们的总裁弗兰克·伦茨博士重新定义了无数问题的语境……伦茨最有名的工作是解释了美国人是如何将"房产税"准确称为"死亡税"的。他指出,父母不会为"学校券"辩论,但他们会讨论"机会奖学金"。他指出,美国人

不希望"钻探石油",但他们希望进行"美国能源探索"。

美国房产税比欧洲大多数遗产税轻得多。到 2017 年,美国房产税只适用于超过 500 万美元的房产,因此只有很少一部分美国人需要缴纳房产税。即使在世纪之交,资产价值超过 100 万美元的夫妇也可以在进入坟墓时相信,政府不会动他们一分钱。不过,房产税一直是共和党人的眼中钉。2017 年,作为特朗普税改计划的一部分,房产税即将被取消。

起初,要求取消房产税的政客很难引起投票者的兴趣。可以想见,很少有人认为有必要免除富人在生命结束时对社会的最后一次贡献。据说,"死亡税"一词是由社会活动家吉姆·马丁(Jim Martin)发明的,但弗兰克·伦茨的民意测验得出了"死亡税"一词比普通的"房产税"更令投票者讨厌的结论。新的名字改变了这个税种的道德意义:你怎么能为死亡的悲剧提出税收要求呢?这个名字还暗示了这种税可能影响到所有人,因为所有人都会在某一天死去。"这完全是一种营销。"马丁说。他将房产税冷酷地称为"最僵硬的税种"。

伦茨在共和党 1994 年的"美利坚契约"中使用了这个新名字。他建议共和党参议员和众议员"在当地太平间"举行新闻发布会,以增加影响力。比尔·克林顿试图对抗这个强大的词语,他为废除房产税起了一个吸引眼球的名字:"富人的意外之财"。虽然总统尽了最大的努力,但是到了 2001 年,将近 80% 的美国人都在支持废除"死亡税"。

"语言就像火焰一样,"伦茨评论道,"根据你的使用,它可以为你的房子供暖,也可以将其烧成灰烬。"

弗兰克·伦茨可以对几乎任何事情使用这种恶毒的命名魔法:"如果我想妖魔化兔子,我就会使用'野兔'之类的词语。"他说。"野兔会踩躏你的花园。这是语言的关键。兔子很可爱,踩躏花园的野兔则是有害的。"伦茨提出了勇敢而爱国的"美国能源探索"责任,使大型石油公司可以更加方便地自由钻探。他还在延缓可持续能源和交通转型的过程中扮演了重要角色。在第一届布什政府期间,他建议共和党人用更加缓和的"气候变化"代替"全球变暖"一词,因为后者会使人想到燃烧化石燃料使地球过热和融化的画面。伦茨2003年一份遭到泄露的备忘录称:

> "气候变化"的可怕程度不及"全球变暖"。正像一个小组座谈会参与者指出的那样,气候变化"听上去就像从匹兹堡前往劳德代尔堡一样"。全球变暖拥有灾难性的含义,气候变化则意味着更加可控、不太令人激动的挑战。

他说对了。7年后,耶鲁气候变化沟通项目和乔治梅森大学气候变化沟通中心的研究人员发现,将"全球变暖"视为威胁的美国人比将"气候变化"视为威胁的美国人多13%。"'气候变化'一词的使用似乎降低了问题的严重性。"研究人员说。

"我的工作是寻找能够激发情绪的词语，"伦茨说，"词语本身可以在词典或电话本上找到，但是带有情绪的词语可以改变命运，改变我们所知道的生活。我们知道它能改变历史，我们知道它能改变行为，我们知道它能开启和结束战争。我们知道，词语和情绪的组合是人类已知的最强大的力量。"

正确命名

命名很重要。我们为人员、法律、概念和事物赋予的名字和标签会影响世界看待他们的方式，从而决定我们对于他们的行为。正确的名字可以使食客追捧一种未知鱼类，错误的名字可以使投票者对于影响全球的重要问题漠不关心。如果你为辩论焦点选择一个能够激发情绪的名字，你可能会在辩论开始之前取得胜利。名字不是中性的。它们拥有力量，能够引起共鸣。它们可以激发行动，产生很大的破坏。所以，如果你的产品、运动或企业的当前名称无法产生理想的结果，请考虑更名。新的名字是新的真相：如果它能带来关于现实的全新感知，它可能会产生巨大的影响。

为打消你的疑惑，我要在此声明：本章同时出现兰茨和伦茨的故事纯属巧合。

至少我是这样认为的。

如何应用于现实

　　仔细选择项目和人员的名字——名字可能会影响他们的前景。

　　如果产品或概念不太令人接受，请尝试更名。

当心……

　　使用煽动性名字劝说你不恰当地购买、投票或行动的人。

　　给你或你的项目起破坏性外号的对手。

　　通过改变辩论措辞改变结果的误导者。

后 真 相 时 代
TRUTH:
How the Many Sides to Every Story Shape Our Reality
第四部分　未知真相：影响未来的真相

第十二章　预测

> 当你不知道未来将会发生什么时，你不会做出支出决定、投资决定、招聘决定或者是否找工作的决定。
>
> ——迈克尔·布隆伯格（Michael Bloomberg）

是先发制人，还是预防

1967 年 6 月 5 日上午，强大的以色列空军的几乎所有战斗机从基地起飞，以很低的高度飞往地中海。它们一直向西飞行，越过塞得港，然后向南飞往埃及。这出乎埃及的预料。自从 1956 年苏伊士危机以来，以色列和埃及一直维持着不稳定的和平。以色列没有正式宣战，以色列政客也没有对其意图做出任何暗示。虽然埃及拥有防空系统，但是以色列飞机飞得很低，没有被雷达发现。以色列空军将攻击时间定在了埃及例行黎明巡航结束后不久，他们在埃及飞行员吃早餐时呼啸着进入了尼罗河谷。

埃及空军基地缺少坚固的飞机掩体，大多数飞机露天停放在跑道旁边。以色列空军的第一波飞机袭击了 11 座埃及基地，用特制炸弹炸毁了跑道，摧毁了 189 架飞机。以色列飞机回到基地补充燃料和武器，并在几分钟后回到了空中，再次前往埃及。此后的两波袭击共摧毁了 19 座空军基地，超过 300 架埃及飞机被毁。当天上午，为回应以色列对埃及的攻击，叙利亚、约旦和伊拉克出动飞机袭击了以色列的目标。这些袭击几乎没有战略影响，反而导致以色列空军的飞机将注意力转向了这些国家的空军基地。到了这一天晚上，以色列已经摧毁了大约 400 架阿拉伯飞机。它在该地区取得了彻底的制空权，确保地面部队在随后的六日战争中取得了优势。以色列国防军控制了西奈半岛、加沙地带、约旦河西岸、东耶路撒冷和戈兰高地，其中许多地区目前仍然被以色列占领。

这是一次惊人的胜利。不过，以色列为什么要这样做呢？为什么这个被敌对阿拉伯国家包围的小国选择打破和平呢？

苏伊士危机过后，以色列同意撤出它在西奈半岛上占领的埃及领土，条件是联合国紧急部队部署在两国之间，作为缓冲。联合国紧急部队在这里驻扎了 10 年，维护了和平，确保以色列船只和平通过重要的蒂朗海峡，即西奈半岛和沙特阿拉伯之间的狭窄通道。

在这段时期，邻国对以色列的压力持续增长。苏联与一些阿拉伯国家结盟，为它们提供武器和政治支持。巴勒斯坦解放组织宣告成立。阿拉伯非政府武装发动了对以色列的袭击。作为报复，以色列对约旦和叙利亚境内的目标发动了地面袭击。这个犹太国家与其阿拉伯邻居的关系非常紧张。

1967 年 5 月 13 日，埃及——当时被称为阿拉伯联合共和国——将一支大规模部队开进了西奈半岛。由于苏联提供了以色列军队在叙利亚边境活动的错误警报，埃及总统迦玛尔·阿卜杜尔·纳赛尔（Gamal Abdel Nasser）做出了回应。纳赛尔要求在以色列和埃及边境保卫和平的联合国紧急部队撤退。5月22日，纳赛尔对以色列船只关闭了蒂朗海峡，切断了重要的石油供给。

以色列认为自己即将遭受攻击。以色列政府做出了预测，并且根据这种预测开展了行动。

以色列空军对埃及的打击至今仍然被视为现代先发制人战争最成功的案例之一。先发制人战争指的是在面对迫近的军事威胁时使用进攻性军事行动作为防御手段。此次行动被称为"焦点行动"，它很久以前就得到了规划，以全面的情报收集和广泛的飞行员培训为基础。不过，直到埃及在西奈做出挑衅举动，该计划才得以实施。

先发制人的行动总是具有争议性，因为它在道德上取决于关于未来的竞争性真相。为了在全球舆论法庭上不被污蔑为侵略者，以色列需要证明埃及及其盟友即将发动战争，他们才是真正的侵略者，尽管以色列首先发动了攻击。

你无法事后断定在以色列不采取行动的情况下阿拉伯是否真的会发动进攻。我们只能考察1967年6月5日之前的事件证据，判断以色列关于未来的竞争性真相是否合理可信。不出意外，这件事在一些领域受到了质疑。埃及的确计划于5月27日入侵以色列——代号为"黎明"——但是这项计划在最后时刻被纳赛尔取消。如果以色列不首先发动攻击，埃及会重新考虑这项计划或者类似计划吗？如果不是在1967年，埃及是否会在第二年或者第三年采取行动?

人们有时会在先发制人战争和"预防性战争"之间划清道德界限。最臭名昭著的预防性战争是2003年的海湾战争。乔治·W.布什和托尼·布莱尔领导的多国联军开展命运多舛的伊拉克战争时给出理由是,他们认为伊拉克在未来的某个时候准备对美国或欧洲目标使用大规模杀伤性武器。随后的许多指责集中于布什政府和布莱尔政府提供的关于大规模杀伤性武器的错误信息:硝烟过后,他们没有在伊拉克找到这种武器。不过,乔治·W.布什和托尼·布莱尔仍然坚持着他们的"真相":如果他们不消灭萨达姆·侯赛因,那么他最终一定会攻击西方目标。对此,我并不感到吃惊。这个预测可不像萨达姆拥有大规模杀伤性武器那样容易反驳。

先发制人战争和预防性战争的实际区别在于时机。两种战争的军事行动都是为了阻止对方未来的攻击。先发制人战争对抗的是迫近的威胁,预防性战争阻止的是在更加遥远的未来发生的不太明确的攻击。这完全取决于你对预测的信心以及你所认为的它们变成现实的时间远近。这为误导者留下了将战争证明为先发制人战争的回旋空间,即使他们私下里对于敌方迫近的行动存在疑惑。宣布你的国家将会遭到攻击不一定是说谎。不过,暗示这种攻击很快就会发生则可能是一种巨大的误导。

未来将会如何

下面的说法成立吗?

太阳将在明天升起。

下面的说法呢?

我将在某一天死去。

我想,你对这两个问题的回答都是肯定的。没有人会反驳这两个真相,没有比它们更加真实的说法了。

这很有趣,因为两种说法都不是事实——太阳完全有可能在明天到来之前爆炸,某种低温保存方法完全有可能使你永存于世。我们之所以认为它们是真实的,是因为经验和教育告诉我们,太阳每天都会升起,每个人都会死去。它们是被我们视作绝对真理的预测。

下面的说法呢?

火车将在 20:45 离开。
本学期将在 12 月 15 日结束。
工作室的下一部电影将在 9 月发布。
我们将在 6 月 2 日结婚。

这些预测很可能会实现。如果结果不是这样，我们也不会非常吃惊：我们的预测之前有过失败的时候。不过，我们比较相信这些预测，愿意以此规划生活，根据我们的预期投资、招聘、搬家、投票、学习、消费和盖房。如果我们不这样做，结果可能会很糟糕：我们会错过火车；孩子会在学校门口被人遗弃；婚礼承办商不会按时出现。

我们将这些预测视作可执行真相。

农民种植作物，喷洒杀虫剂。球迷购买季票。快乐的夫妇为婚礼安排教堂。招待公司建设酒店。怀孕妈妈购买童床和手推车。他们都在根据他们充满信心的预测采取重要而昂贵的行动。

不过，在这些预测变成现实之前，它们并不是绝对真理。事情总是可能出差错。这意味着你总是可以做出不同的预测——为未来提供竞争性真相。

和其他竞争性真相类似，我们可以用精心选择的预测劝说、影响、激励和鼓舞别人。

前瞻式领导

阿特金斯是一家全球工程咨询公司，负责设计、规划和管理摩天大楼、公路、隧道、机场以及其他许多项目的建设。它曾负责 2012 年伦敦奥运会的部分基础设施，目前正在参与全球最大的实验型核聚变反应堆和一组前所未有的漂浮式海上风力发电机的建设。这些大型工程需要几年甚至几十年的时间才能完工。可以想见，阿特金斯的领导者在对未来的思考上花费了许多时间。

建筑和工程行业可以说是少数还没有被数字革命颠覆的行业。令行业经理们夜不能寐的问题不是这场颠覆是否会到来，而是它何时到来。阿特金斯在这个行业经营了超过75年，希望在未来长期保持竞争力，因此其领导者一直在认真思考未来的变化——哪些地方可能出现新机遇？他们的企业可能面对怎样的威胁？

城市化的迅速推进需要国家级和市级政府为能源、交通和水源供给制定大胆的规划，以容纳更多人口。气候变化可能要求他们建设防汛设施。新能源及其使用意味着不同的发电和供电策略。恐怖主义可能会迫使基础设施所有者为建筑和网络配备安全功能。最重要的是，阿特金斯认为，"新的数字浪潮"与城市环境的结合将会改变行业的根本性质。

我受邀帮助阿特金斯英国和欧洲分部的8 500名员工为这个美好的新世界做好准备。我们为公司设置的目标是重新定义基础设施设计，重新规划行业，以新的数字浪潮为跳板进入网络和大数据世界。一家通过整合钢铁、混凝土和玻璃获得名声的组织应该同样精于整合数据和算法。自动化设计、基于激光和无人机的现实捕捉、预测性分析、虚拟现实和物联网导航应当成为阿特金斯的核心能力。根据我们的预测，如果整个组织支持这个新的未来愿景，阿特金斯就会成为世界级基础设施的同义词。该公司已经受到了客户的高度尊重。未来，它也会得到公众的普遍认可和欣赏。

事实证明，这些未来愿景、行动规划以及对于可能趋势的分析令阿特金斯员工备受鼓励。当他们的领导者将各种可能性和不确定性融入清晰的预期和目标声明中时，他们可以更好地以具有协调性和建设性的方式指导员工的工作。领导者的预测使员工更有准备，更加专注和高效。当阿特金斯2017年被兰万灵收购时，这种未来愿景仍然没有改变——这盏"山上的明灯"使员工能够在所有权变更以及未来的各种变化中保持专注。

这个公司故事没有任何独特之处。如果你在战略咨询、政策制定或者企业规划领域有过工作经历，你就会发现故事中的主要元素。对于优秀领导者来说，预测你的组织将会发生什么并且提供能够指引方向的未来愿景是一项核心要求。

不过，这个过程的有趣之处在于，所有这些精力、投入和承诺都是基于还没有发生而且很可能永远不会发生的事情。2008年，我为另一个客户——英国健康保护局做了类似的工作。我们考察了流行病、化学品泄漏、核辐射以及其他重大灾害未来可能对公共卫生造成的威胁，描述了健康保护局如何将所有这些领域的专家聚集起来，打造新的全国响应系统，更好地保护公众的安全。当这个激动人心的愿景开始在人员敬业度方面获得回报时，新当选的戴维·卡梅伦政府决定取消这个机构。

我们没有预料到这一点。

银行、公共服务规划和基础设施开发等复杂环境下的预测注定会受到意外情况的影响。不过，要想取得任何成绩，我们不得不进行预测。每个组织都需要清晰的前进方向和预定目标，而且需要知道前进过程中可能遇到什么情况。我们将这种预测看作关于未来的有条件真相，它可能在未来某一天得到修正。没有这种真相，我们将一无所获。

劝导性预测

想象你想劝说一个名叫克丽丝汀的应聘者加入你目前的团队。你们需要讨论薪酬方案，就各种职责和任务达成一致。最重要的是，克丽丝汀希望知道接手这份工作之后会经历什么事情。为你工作是一种怎样的经历？加入你们之后的 6 个月会有多快乐？她会获得哪些机会？她会掌握哪些新技能？

她对于是否接受这份工作的决定可能取决于这些问题。那么，你会如何描述未来呢？

一些话语闪过你的脑海：

你需要每周加班两三次。

你将和杰夫共事，他完全是噩梦般的存在，但我们无法摆脱他。

对我们公司退货政策不满的顾客会不公正地辱骂你。

我们至少在三年内无法为你升职。

你知道这些事情会变成现实。不过，你可能希望隐瞒所有这些事情。你希望强调其他同样真实的预测：

你会获得宝贵的客户服务经历。
你每年会获得两个星期的正规技能培训。
你可以参观我们位于巴黎和新加坡的办公室。
你可以在一年内承担更多职责。

和我们之前讨论的部分真相类似，你可以对预测进行明智的选择，以营造关于现实的某种印象。沟通者可以像处理部分真相那样忽略和混淆预测。所以，政客会谈论他们当选后将会批准的支出，而不是他们将会增加的债务和提高的税率。所有人都会这样做。当父母想激起孩子对于家庭度假的兴趣时，他们会描述晴朗的海滩和有趣的活动，回避无眠的飞行和无线网络信号的缺失。同过去相比，描绘未来的完整画面更加困难，因此我们当然倾向于关注那些有利于推进目标或赢得辩论的元素。

如果我们遇到对我们有帮助的可信预测，我们就会采纳它。我们可能完全不愿意提及没有帮助的预测。面对同样德高望重的专家提出的互相冲突的预测，我们自然会选择和分享对我们的立场最有利的预测，忽略其他预测。

> 预测策略 #1
> 选择性预测

在英国脱欧公投期间,一份极具影响力的脱欧海报写道:"土耳其(人口 7 600 万)即将加入欧盟。"任何欧盟成员国的公民有权在其他任何成员国生活和工作,因此在中东乱局和移民受到高度关注的时候,脱欧派这种宣传足以使许多英国选民感到害怕。不过,他们的预测是否正确?

土耳其 1987 年申请加入欧共体,1999 年获得了欧盟候选成员身份。英国曾长期支持土耳其加入欧盟。2010 年,首相戴维·卡梅伦向土耳其听众表示:"我希望我们共同铺就从安卡拉通往布鲁塞尔的道路。"在脱欧公投期间,欧盟需要土耳其配合它控制欧洲移民潮,许多人认为土耳其加入欧盟可能是这种配合的最终代价。所以,如果你愿意对"即将加入"这一说法暗示的时间范围做出灵活的解释,那么"土耳其加入欧盟"完全有可能在未来某个时候成为现实。

另一方面,和其他成员国一样,英国拥有对于新成员的否决权。如果英国政府不想让土耳其加入欧盟,那么只要英国留在欧盟,土耳其就永远无法加入欧盟。即使英国不使用否决权,塞浦路斯也必然会使用否决权,除非土耳其长期占领北塞浦路斯的问题得到解决。此外,由于被持续报道的腐败、新闻自由缺失和违反人权行为,土耳其加入欧盟存在许多程序障碍。所以,我们可以同样真实地认为，土耳其正式加入欧盟是一件非常遥远的事情。实际上，身为留欧派的戴维·卡梅伦在英国脱欧辩论中宣布："以目前的进展速度，土耳其很可能会在公元3 000年左右加入欧盟。"总体而言，脱欧派的海报似乎极具误导性。

英国脱欧辩论的焦点是英国脱欧后果的竞争性真相。留欧派认为脱欧会导致孤立、经济损失、不安全、旅行限制甚至欧洲秩序的解体。脱欧派认为脱欧会开启世界贸易和自由创新的新时代，使我们获得与欧洲盟友合作的全新模式，增强对于自身命运的控制权。虽然双方都在夸大英国命运的起伏，但是关于未来的大多数推断都是基于某种事实的合理预测。

我们会被水淹死吗

关于全球变暖的辩论也许是关于竞争性真相最为激烈的斗争。

人类生成的二氧化碳正在大气中积累，形成类似于温室的屏障，将之前反射回太空的太阳能留在地球上。这个关于全球变暖的可以观测和测量的故事已经得到了普遍接受。不过，我们之所以试图对于我们的出行方式、能源生成方式和生活方式做出如此巨大的改变，是因为这个故事还有下文，即我们的气候可能发生的变化及其可能产生的有害影响。

政府间气候变化问题小组估计，2081年到2100年的全球平均地表温度将比1986年到2005年高出0.3℃到4.8℃。这个范围很宽，它同时考虑了关于良性未来和灾难性未来的预测。为什么专家的观点存在如此巨大的不确定性?

根据预测,二氧化碳本身不会导致气温大幅上升。根据政府间气候变化问题小组的说法,如果大气中二氧化碳的浓度加倍,地球温度会上升大约1.2℃。这不是一件非常危险的事情。关于气候剧烈变化的预测来自第二个放大因素——大气中水蒸气增加导致的升温效应。

温暖的空气可以留住更多水蒸气。温度每上升1℃,水蒸气浓度就会上升大约7%。所以,二氧化碳导致的一点点升温会明显提升大气湿度。由于水蒸气是一种强效温室气体,因此它会使未来二氧化碳本身导致的升温效应提高两倍以上。

水蒸气还会形成云层,云层既可以捕捉地球辐射,促进升温,又可以将太阳光反射回太空,阻碍升温。总体而言,云层具有净冷却效应。不过,不同类型的云层具有不同的效应,较低的层积云通常具有冷却作用,又高又薄的卷云则具有升温作用。所以,如果更多水蒸气形成低海拔云层,它们就可以减少或抵消水蒸气的升温效应,而高海拔云层的增加则会加剧升温效应。

不过,水蒸气的增加不一定意味着云层的增加。实际上,研究发现,更加潮湿温暖的大气可能会同时减少低海拔和高海拔云层(这对降水和干旱具有令人担忧的影响)。高空和低空云层的相对状态将决定云层的总体效应是升温还是冷却。

气候学家目前认为,云层对于温室气体升温效应的总体影响是略微正向的,即放大二氧化碳的效应。不过,虽然科学家尽最大努力模拟未来云层的行为,但是大多数人都承认,这种模拟目前的可信度并不高。云层变化模式对于全球温度的影响存在不确定性,这使长期气候预测变得更加困难。

这种不确定性是科学研究的标准特征。这并不意味着全球变暖的故事是错误的;它也没有提示我们不应该立即采取行动,因为我们较为悲观的预测可能是正确的。不过,这的确证明了许多竞争性真相可能存在于辩论的两极。试图提高气候预测质量的科学家常常会陷入困境。

∴

即使温度的确会明显上升,一个问题依然存在:不是每个人都承认温度上升对我们有害。这种分歧在很大程度上源于我们所模拟的全球系统难以想象的复杂性。飓风的频率和强度是否会上升,就像哈维、艾尔玛和玛利亚暗示的那样?为北欧带来温暖气候的热盐环流是否会受到破坏?永久冻土的融化是否会将大量二氧化碳储备释放到大气中,加速全球变暖?干旱和作物减产是否会导致大规模移民和战争?海平面上升是否会威胁到城市?没有人能做出明确回答,因此许多可信度不高的场景得到了宣传。

呈现在合适背景中的部分真相可以有效地暗示未来的可能性。《2017气候科学特别报告》(《美国国家气候评估》的一部分)称,"相对有力的证据"表明,人为因素促成了2003年的欧洲酷热期和 2013 年的澳大利亚酷热期。报告还发现，一些风暴类型"表现出了与气候变化有关的变化"。报告也承认，这种联系还没有得到充分理解。不过，部分真相也曾得到辩论双方的夸大，以支持对于未来的恐惧或满足态度。下面是《科学美国人》(*Scienrific American*) 2016 年"气候快线"中的一个故事，用于展示气候变化可能导致的未来冲突：

> 正在进行的叙利亚冲突导致 47 万人死亡，数百万人流离失所。在此之前，从 2006 年到 2010 年，这里发生了一场异常严重的干旱。数百万农民搬进城市中心，即内战的舞台。根据一项研究，如果没有气候变化，这场干旱很可能不会发生。

上述事实在很大程度上是真实的，但是大多数政治专家都会指出，这种因果暗示显然并不正确。气候变化并不是叙利亚战争的原因。

一些气候怀疑者提出了"温暖的未来更加美好"的预测。被特朗普选为环境保护局转型领导人的游说家迈伦·埃贝尔（Myron Ebell）写道："死于寒冷的人会减少。"他还表示：

> 许多地方的生活会变得更加愉快。萨斯卡通的一月气温可能只有零下 10℃度，而不是零下 20℃。我想，如果明尼阿玻利斯的冬天变得更像堪萨斯城的冬天，抱怨的人就不会很多……对于老弱人士来说，温暖的天气显然更加健康，更加令人愉快。

所有这些可能都是真的，但它无情地忽略了炎热地区数十亿人的命运。

科学记者马特·里德利（Matt Ridley）认为，地球最近的绿化——多个生态系统观测到的植被增长——是二氧化碳浓度上升对于经济和环境的一个重大好处。他指出，二氧化碳是植物的重要原材料：农民会定期提高温室里的二氧化碳浓度，以刺激植物生长。里德利认为，未来大气中二氧化碳的增长会使农场和雨林受益。不过，在考虑这个乐观预期的同时，我们需要权衡混乱的天气模式为农业区带来干旱、风暴和洪水，破坏脆弱的自然生态环境的可能性。2017年9月，玛利亚飓风抹去了波多黎各的大部分雨林，毁掉了岛上多达80%的庄稼。如此强烈的飓风可能就是气候变化促成的。

所有这些预测基于许多当前变量，它们与其他变量存在复杂的相互作用，而且并不总能得到充分的理解。如果小幅调整某个变量或某种关系，预测结果就会发生剧烈变化。我们可以考虑可能发生的事情，但是有声望的科学家很少愿意谈论将要发生的事情。

转变性预测

明天的天气与我们的预测无关：不管天气预报员说什么，天气都会按照自身的规律运转。另一方面，如果对于全球变暖威胁的担忧使我们采取改变气候的碳减排或地球工程措施，这种预测就会对结果产生影响。

预测的提出会对它的实现产生影响。明确预测战争的国家很可能会参与战争。以某个通胀水平为目标的中央银行会引导市场采取相应的行动，促成这一通胀水平的实现。如果具有影响力的分析师声称一家上市公司将会倒闭，这家公司可能会加速倒闭。声称孩子不太可能通过考试的父母可能会促成孩子的失败。这些都是自我实现的预测。

与此相反，"自我阻止的预测"是指通过行动得到避免的预测。关于 2014 年埃博拉潜在爆发规模的及时警报非常可怕，促使国际社会采取行动，避免了疾病控制和预防中心预测的超过 50 万病例中大多数病例的出现。气候活动家希望他们今天的警告性预测有助于避免最糟糕的升温场景在未来发生。

> 预测策略 #2
> 通过预测阻止某事

条件性预测可能具有自我实现性，也可能具有自我避免性。"如果你及时完成作业，我就给你 20 美元"可能会导致付款的结果。"如果你发送那份备忘录，你就会被开除"应该足以成为避免解雇结果的警告。

当行动承诺来自具有足够可信度的个人或组织时，这种预测可能会被看作真相。你的情人说:"我晚上7点在剧场门外等你。"根据经验,你知道这是真的。欧洲中央银行主席马里奥·德拉吉(Mario Draghi)2012年宣布:"欧洲央行准备采取一切行动保护欧元。相信我,我们不会失败的。"德拉吉和欧洲央行的可信度足以平复市场,拉低主权债务收益率。4年后,《金融时报》指出,这个自我实现的预测"被广泛视作将欧元区从崩溃边缘解救回来的关键"。

> 预测策略 #3
> 通过预测使某事发生

所以,预测不仅可以驱动我们的行为,决定重要决策,而且可以通过直接的自我实现或自我避免改变未来。足以被视作真相的可信预测是现实的强大推动因素和影响因素。在面对不止一个可信预测时,我们选择倾听、服从和分享的预测可能最终决定我们的未来。

乌托邦还是反乌托邦

机器人正在到来。

不只是机器人。人工智能与数据、顶尖传感器和前所未有的数据通道的结合很快就会使机器在许多物理性和知识性任务上胜过人类。它们更加优秀，而且更加便宜。

许多职业很快就会消失，被机器接管。我们已经看到，许多制造任务被转移给了机器人。零售结账员工、银行出纳员和电话服务代理正在逐渐被淘汰。接下来，卡车和出租车司机将被自动驾驶汽车取代。光是美国就有350万卡车司机。不久，执行例行任务的知识工作者也会遭遇同样的命运，包括会计员、财产律师、金融记者、行政协调员、医学实验室助理等。随着机器人灵活性和空间意识的增长，就连烹饪、清洁和理发等动手工作也会消失。

数百万人乃至数十亿人将会被机器抢走饭碗。不平等将会迅速扩大。

当机器学习不可避免地使计算机比我们更聪明时，它们可能会决定夺取控制权。"我们不应该针对未来人工智能的能力上限给出强假设。"一群人工智能和机器人专家2017年发出了警报。他们说：

> 人工智能系统带来的风险必须得到与其预期影响相适应的规划和缓解，尤其是灾难性或存在性风险……所有进行递归式自我提高或自我复制、可能导致质量或数量迅速提高的人工智能系统必须要有严格的安全和控制措施。

专家关于未来人工智能研究的指导几乎无法使那些看着《终

结者》《黑客帝国》成长起来的人们感到宽慰。别忘了，目前最为复杂的人工智能和机器人研究大部分具有军事目的。即使这些机器不想消灭我们，我们可能也会沦为宠物或奴隶。

"完整的人工智能的发展可能意味着人类种族的终结。"斯蒂芬·霍金（Stephen Hawking）教授警告说。

机器智能研究院前主席迈克尔·瓦萨（Michael Vassar）发表了类似观点："如果超越人类的通用人工智能在没有足够防备措施的情况下被发明，人类物种一定会在很短的时间内灭绝。"

显然，我们必须尽可能地阻止这场灾难。

特斯拉和太空探索技术公司创始人埃隆·马斯克（Elon Musk）将人工智能称为"我们最大的存在威胁"。"我们正在用人工智能召唤魔鬼。"马斯克说。他认为，人工智能必须在国家或国际层面上得到监管。他的想法还不止于此。他关于人工智能的可怕预测是他开展太空计划的动力之一：根据《名利场》的说法，他希望殖民火星，使我们"在人工智能不服管束并攻击人类时拥有一个避难所"。

除了提出无法在近期实现的逃离机器人计划，他还表示，另一个存活途径是和它们联手。他正在通过他的"神经连接"公司探索这个半机器人方案，这种半机器人"是生物智能与机器智能的某种结合"。该公司将开发"微型脑电极的神经蕾丝"，这种蕾丝"未来某一天可以上传和下载思想"。马斯克压上了大量时间、金钱和名声，以保护我们不被机器取代或灭绝。

微软创始人比尔·盖茨提出了另一个阻止机器人广泛使用的建议：我们应该对其征税。"你应该支持提高税率，尽管这将减缓机器人的普及速度。"他说。实现相同结果的另一个途径是为低收入工人削减工资税或提供补贴，使他们和机器相比更具竞争力，降低公司投资于自动化的动力。盖茨知道，税收无法永远限制机器，但它可以使人们有时间发展和获取在人工智能世界上生存所需要的技能。

我们应该要求我们的政府对于所有发展人工智能和开发新一代机器人的群体征税。实际上，我们也许应该彻底禁止这种可恶的事物。如果政府不能立法保护我们，我们应该直接采取行动。我们需要立即行动，以便保护自己。

⁜

这是危言耸听的胡说八道！这种对于未来的展望太阴郁了！是的，机器将取代许多比较重复、低级和无聊的工作。这有什么问题？真的有人愿意整天弓着身子面对电子表格或者整个夜晚修理道路上的坑洞吗？开货车、翻面包或者监测病理样本是对于复杂大脑的充分利用吗？人工智能可以解放我们，使我们去做更加有趣的事情，追求更具创造性的职业。随着旧式工作的消失，新式工作将在我们目前无法想象的领域出现。工业革命没有导致大规模失业，计算机时代也没有。现在，我们需要程序员和网站设计师、免疫疗法研究员、网络安全经理和数据建模师——所有这些工作都是由科技创造的。对于任何愿意用技能增强自身能力的人来说,未来都是光明的。

此外,机器人和人工智能可能会成为我们的救星。我们无法解决的一些问题可能会被机器解决,比如全球变暖和老年人护理成本的螺旋式上升。能够监督重要体征、支撑或温柔地搬动人体甚至开展有趣对话的机器人可能会提高数百万老人的生活质量,使他们独立地生活更长时间。自动机器人团队可以监督和修理破损道路和建筑。无人机群可以提供某种地球工程解决方案,帮助我们限制地球表面的温度。

如果我们能为比我们聪明的机器设置满足我们需要的程序,告诉它们我们想做什么,我们为什么要感到恐惧呢?也许某个高等智能可以解决阿以冲突,阻止核战争,或者消除痛苦。更聪明的机器可能会善意地照顾我们,就像我们照顾大多数娇贵的宠物一样。

所以,让我们尽一切可能加快人工智能的发展速度。让我们为机器人公司免税,为研究机器学习的大学院系拨款。让我们放开对于自动驾驶汽车的监管阻碍,迎接科技黄金时代。

∴

谁的说法是正确的?是末世论的倡导者和误传者吗?可以肯定的是,机器人正在到来,它们将彻底改变我们的世界。我们并不知道这是一种怎样的改变。不过,我们必须迅速确定对于这种全新奇特现象的应对方式。不行动本身也是一种应对方式，也会导致相应的后果。我们如何做出决定？选择应对方式的唯一途径就是预测未来。

或者接受他人的预测。

未来的考验

由于科技发展、全球互联和政治变化的加速，未来正在以越来越快的脚步向我们走来。在日益不确定和多变的世界上，我们比过去更加难以预测未来将会发生什么。不过，我们规划、投资和做准备的需要从未像现在这样强烈。预测是一个重要的日常习惯。

希望为未来不确定性做准备的公司通过场景规划来分析不同局面的应对方式。大银行现在需要模拟极端金融环境，以便对其资产负债表进行压力测试。医院和军队等机构通过设想不同的未来，以确保他们拥有应对各种可能事件的资源和计划。所有这些组织都在想象竞争性真相，以便更好地制定目前的决策。

我们可以效仿这些组织。在未来，只做一种预测是不够的：我们需要权衡关于未来的多个竞争性真相，以便在任何一个真相得到实现时做好准备。这尤其适用于我们想做的工作以及我们应当接受的技能培训。不过，它也适用于我们可能具有的寿命和生存环境、我们需要适应的机器、我们亟待防御的网络威胁、我们渴望从事的活动,甚至我们可能拥有的愿望。科技似乎一定会改变所有这些事情。

我们不知道未来将会怎样。不过,通过认真考虑关于未来的各种竞争性真相,我们可以获得未来的生存能力。

如何应用于现实

描绘积极可信的未来图景,以激励人们目前的行动。

考虑各种竞争性预测,以确保你为任何可能的场景做好准备。

如果有人做出了需要目前采取可疑行动的预测,应该质疑这种预测的有效性,并且考虑其他预测需要我们做什么。

当心……

劝说你做某事时略去令人不快的相关预测的误导者。

仅仅分享和宣传支持其个人观点的预测的人们。

第十三章　信仰

> 谁敢说只有他发现了真相?
> ——亨利·沃兹沃思·朗费罗（Henry Wadsworth Longfellow）

我们之中的神

詹姆斯·沃伦·琼斯（James Warren Jones）吸引人的第一件事是他对于种族平等持续一生的虔诚信仰。他成长于20世纪40年代的印第安纳，但他却走在了时代的前面。印第安纳州当时仍然禁止黑人和白人通婚。据说，该州曾经拥有美国最强大的三K党人。基督教的偏执和根深蒂固的种族主义使印第安纳人在20世纪20年代将三K党徒和支持该党的候选人送到了各个层级的州政府岗位上。琼斯的父亲据说就是三K党徒。琼斯后来回忆说，在父亲禁止一个黑人朋友拜访他们以后，他曾在许多年时间里拒绝和父亲交流。吉姆·琼斯的信仰和他的社区危险地脱节了，这使他成了局外人。

不过，他仍然坚持着这些信仰。琼斯在1955年创办了印第安纳玻利斯的第一座双种族教堂，他和他的妻子成了印第安纳州第一对收养黑人孩子的白人夫妇。他在1961年受邀担任印第安纳玻利斯人权委员会主席，并且利用这个职位强制取消了许多市属组织和私人组织的种族隔离政策。作为极具魅力的演讲家，他在迷人的演说中关注黑人和白人分歧的弥合。曾经追随他的特里·比福德·奥谢（Teri Buford O'Shea）表示："他对于跨种族融合非常热情。"他宣称，他的目标是创造一个"彩虹家庭"。

种族平等不是驱使吉姆·琼斯前进的唯一信仰。他还是一个共产主义者，尽管当时大多数人对于共产主义思想存在仇恨和恐惧。琼斯相信，每个人应当受到同等对待，有条件的人应该帮助有需要的人。因此，他创建了施粥厨房、疗养院、孤儿院和就业援助服务机构。他说："我们今天提升人性的唯一道德标准就是某种形式的社会主义。"吉姆·琼斯对于种族平等和社会主义的双重信仰使他与所在州格格不入。不过，他从这些信仰推导出来的令人羡慕的价值观使他的教会吸引了许多追随者。当他在1965年将"人民圣殿"搬到加利福尼亚时，他对于平等、社会主义和政治实践主义的号召使许多年轻而无私的自由人士产生了共鸣。他们接受了他的信仰，成群地加入了他的教会。

当吉姆·琼斯对追随者宣布他是上帝时，这个原本令人鼓舞的社会进步故事开始变质。

一些人相信了他。

琼斯开始通过像魔术表演一样复杂的虚假仪式"治愈"病人。有报道说，他实施了恐吓和过度控制。他的许多追随者将所有世俗财产转给了琼斯，一些人甚至交出了孩子的监护权。不过，他的名声仍在增长。"人民圣殿"通过旧金山和洛杉矶的教会吸收了数千名新成员，其中许多人属于贫穷的弱势群体，许多人是非裔美国人。琼斯的会众成了一股政治力量，他可以根据意愿动员这些人支持或赶走加利福尼亚的政客。

不过，他的虐待故事开始流传开来。最终，琼斯放弃了加利福尼亚，前往遥远的圭亚那进行农业传教。他所描绘的没有种族和性别歧视的乌托邦丛林公社吸引了数百名普通人，他们陪着他来到了南美。他们发现，他们陷入了隔离状态，完全依靠琼斯提供信息和指导。琼斯充分利用了他的权力，他要求男人和女人提供性服务，下达公开侮辱某人的命令，麻醉和殴打反对者。他经常通过遍布居住区的扬声器播放他的录音。《圣经》被撕成了厕纸。家庭被故意拆散。儿童被锁在剥夺感官的箱子里。在这个日益虚幻的环境里，穿着狩猎装、戴着太阳镜、坐在宝座上的琼斯变得日益偏执和疯狂。

"生活是一种该死的疾病，"他对追随者说，"这种该死的疾病只有一种治疗方法，那就是死亡。"

一些人相信了他。

吉姆·琼斯开始排练大规模自杀，他劝说追随者饮用据说掺了毒药的饮料。当许多人喝下饮料时，他表扬了他们的忠诚。"我现在知道我可以相信你们了。"他说。这种排练每几周举行一次。

末日在1978年11月到来了，当时美国国会议员利奥·瑞安（Leo Ryan）带着一群记者和救助人员访问了琼斯镇，以调查虐待和恐吓指控。结果，琼斯的保安杀死了瑞安和三名记者。接着，琼斯将追随者召集到营地中心，宣布死亡的时间到了。

他将氰化物混在果汁冲剂里——可能是酷爱果汁，也可能不是。数百名追随者自愿喝下了饮料。其他人——包括 200 多个孩子——被迫喝下了毒药，或者被注射了致死剂量，或者被射杀。琼斯本人死于枪伤，他可能是自杀。共有 918 人在圭亚那以吉姆·琼斯打造的信仰的名义自杀或被谋杀。

"在《圣经》的某个段落中，耶稣让人们离开家人追随他。吉姆经常引用这段话，"特里·比福德·奥谢回忆道，"他说他是甘地、佛陀、列宁——他说他是你希望重新见到的任何人的化身。我们相信了他。"

真正的信仰

我们可以确信，吉姆·琼斯不是甘地、佛陀和列宁。他不是上帝。那么，在这本关于真相的书中，我们为什么要关心这样的谎言呢？

首先，吉姆·琼斯的数千名追随者认为这不是谎言。"我们相信了他"是奥谢的简单证词。对于人民圣殿的许多成员来说，琼斯的确是神。这些人并不愚蠢。许多人拥有大学学位，在工作中承担着重要职责。许多人对于世间的问题进行了长期而认真的思考，认为"人民圣殿"提供了更好的出路。这是他们的信仰，这是他们的真相，一些人愿意为了这个真相而死。

其次，这个关于极端信仰的故事有助于为我们自己的一些信仰带来启示。多年来，吉姆·琼斯通过宣传被我们许多人视作真理的信仰赢得了追随者。这些信仰是，所有种族是平等的，有条件的人应该帮助有急切需要的人。我们都拥有被我们视作绝对真理的信仰。

我们可以将信仰定义为某人相信的、无法被证实或证伪的思想。我们无法反驳"吉姆·琼斯是上帝"的信仰，正如我们无法证明所有种族都是平等的。我们可能会强烈预感到这些事情是正确或错误的，但是我们无法通过逻辑或科学证实或反驳它们。

下面是可能被你视作真相的一些信仰：

男人和女人拥有同等价值。

人们应该忠于祖国。

人类的生命比动物的生命更有价值。

我们是真实的物理生物，不是模拟宇宙中由计算机生成的实体。

人无法为别人所有。

这些真相往往具有形而上信仰、宗教信仰、道德信仰或意识形态信仰的形式，我们无法证明它们。不过，"证明"这一概念本身似乎与我们最强烈的信仰完全无关。未来的人可能觉得我们的信仰古怪或可笑，就像我们现在看待童话信仰或者国王的神权一样。不过，对我们来说，这些真相常常是不可动摇的。

从实用角度说，是否将这些信仰称为"真相"并不重要，尽管许多人会这样称呼。天主教会拥有超过10亿成员，他们都在谈论"信仰的主要真相"和"见证真相"。堪萨斯城大主教发布了一本小册子，叫作《每个天主教儿童都应该知道的50个真相》，谈论了原罪、复活和圣祭礼等信仰问题。教皇保禄六世在《信仰自由宣言》中指出："所有人必然会寻求真相，尤其是与上帝及其教会有关的真相。"《诗篇》119章作者对上帝说："你的律法就是真相。""你将知道真相，真相将使你自由。"耶稣承诺道。

⁘

信仰不限于崇拜和宗教。在之前的一章里，我质疑了宣称某些个人护理和美容产品有效果的科学证据。不过，我也许错过了重点。法国广告巨头阳狮集团创始人马塞尔·布勒斯坦－布朗谢（Marcel Bleustein-Blanchet）宣称："要想宣传一款产品，你必须信任它。要想说服别人，你必须说服你自己。"信仰在这些短期效果不明显的美容产品的营销和使用上扮演了重要角色。安慰剂效应可以为一些患者带来有用的治疗效果；同样的道理，当你相信胡萝卜籽面部护理油可以使你看上去更年轻时，你可能会获得证明购买合理性所需要的所有产品满意度和内心愉悦。

核威慑同样取决于信仰。我们相信英国核武器是有效的，可以在首相的命令下发射。不过，就连首相也不知道这件事是否属实，不管国防大臣做出怎样的保证。在超过25年的时间里，没有人见过英国核武器爆炸，所以我们并不知道它们现在是否有效。我们相信它们是有效的。更重要的是，我们的潜在敌人相信它们是有效的。不过，不管我们和首相怎样想，这些核弹头里面装的完全有可能是旧报纸。英国和其他国家的基本军事策略取决于"英国当前拥有核能力"的信仰，但是几乎没有人能够对其进行测试。

意识形态是关于实现共同愿望的最佳途径的信仰，这些愿望包括和平、繁荣、安全、食物、住所以及我们自己和同胞的尊严。一些人相信，实现这些愿望的最佳途径是让每个人做自己的事情，用法律框架保护财产权，保证合同的效力。另一些人认为应该通过不同路径实现相同的目标，他们觉得应该让一个集体结构管理大多数活动，确保资产的合理分配。另一些人相信，为了整个社会的利益，应该为某个社会阶级或宗教阶级赋予特权。

资本主义最有可能赢得意识形态斗争的胜利。大多数国家已经接受了它的基本元素：私有财产权、竞争市场、选择自由和私营企业。不过，即使是资本主义的信徒也存在一些重要疑虑。全球金融危机带来的灾难、环境遭受的重要破坏、行业被颠覆时的广泛失业和不平等的日益扩大都在指向资本主义模式的结构缺陷。特别地，在工党人士杰里米·科尔宾的领导下，人们对马克思主义的热情迅速上升。因此，在 2017 年，首相特蕾莎·梅认为有必要为资本主义和自由市场辩护。

我们最强烈的信仰形成了我们思维模式的坚定支柱，驱动着我们每天的行为。爱国者通过挥舞国旗、加入部队甚至牺牲生命表现对祖国的忠诚。我们的信仰可能促使我们去做一些其他真相无法激励我们去做的事情。我们对它们的真实性没有怀疑，愿意根据它们开展行动。面对古代农民在12月祈祷获得好收成或者现代中国人通过烧纸钱为祖先提供钞票的事实，我们可能会感到好笑，但我们的信仰对我们的束缚和他们的信仰对他们的束缚是一样的。

这些真相塑造了我们的世界。

共享真相

信仰可以使个体做出不同寻常的行为。信仰还有另一个重要功能：将群体团结在一起。

在堪萨斯做一个共产主义者一定很孤独。所以，如果你刚好拥有强烈的共产主义信仰，并且在威奇塔遇到一个具有相同信仰的人，你们可能会成为朋友。你们的共同信仰不仅具有安慰作用，而且可以为任何人际关系赋予意义。它意味着你们的价值观和愿望是一致的，你们的行动是可以预测的。信仰充当了一种社交黏合剂，使大量陌生人能够建立联系并且联合在一起，做出不同寻常的事情。不过，信仰也会加剧党派分歧，使一些群体根据其他群体的信仰定义自己。美国的共和党人和民主党人似乎走上了渐行渐远的道路，他们日益坚定、毫不妥协的信仰加剧了他们的分歧。

不过，你也可以反过来看问题。如果我们希望加入某个群体，我们可能会相应地调整我们的信仰。为避免我们与周围人信仰差异导致的糟糕感觉或认知失调，我们可以有效地转变信仰，以便更好地与同伴们保持一致。群体中出现的新信仰可以通过叫作"有效性级联"的自我强化过程迅速传播。在这个过程中，当群体中越来越多的成员表述某种思想时，这种思想会逐渐获得可信度，不管人们是真的相信它，还是只想融入群体。

> 信仰策略 #1
> 鼓励遵从

"人民圣殿"的成员有力地证明了这一点，其中许多人由于需要支持或者关心种族平等而加入了群体，但是他们最终都接受了吉姆·琼斯宣传的疯狂信仰。作为好奇的无神论者，我曾经参加过福音派克里斯蒂安·阿尔法（Christian Alpha）的课程。我看到了有趣的现象：一些明智的参与者开始接受阿尔法一些可信度不高的说法——他们在课程开始时完全不接受这些说法——这似乎是因为，他们急于成为一个承诺爱、支持和意义的大型项目的一部分。

一项著名的心理学实验将一名被试者放在一群人之中，并且使他相信，这些人和他一样，都是参加"视觉测试"的被试者。实际上，他们是实验者的同伙。实验者向这群人出示了两张卡片。一张卡片上是一条黑线，另一张卡片上是长度不等的三条黑线，要求大家判断三条线中的哪条线与第一张卡片上的黑线一样长。

正确答案很明显，但是群体里的其他人莫名其妙地选择了另一条线。被试者会做什么？他会说出显而易见的正确答案，还是做出和其他人一样的判断？

平均而言，大约 1/3 被试者忽略了自己的常识，服从了集体观点。面对多次考验，3/4 的被试者至少服从了一次。事后，被试者往往会为他们的选择给出不同的解释。一些人说，他们并不相信自己的选择，但他们想融入群体。另一些人说，他们认为集体智慧一定不会出错。

如果我们在明显觉得自己选择了"错误答案"的时候还这么愿意顺应集体，那么在我们无法明确判断的事物上改变自己的信仰不是更加容易吗？你的家族成员都认为耶稣是上帝的儿子，你又为什么要提出异议呢？领导祈祷会的博学之士向你保证，圣书要求对非信徒实施暴力，你又为什么要寻找不同的解释呢？你们全村人都相信集体财产所有权是通往共同幸福的最佳路径，你又如何为自己将个人种植的所有食物归为己有的自私欲望辩护呢？

我们可能不会本能地相信某件未知的事情，但是如果我们在相信它的群体里生活足够长的时间，他们的真相就会变成我们的真相。

如果我们表现出抗拒群体信仰的迹象，人们总是有办法消除我们的怀疑。在流行文化中，这个过程被称为洗脑。神经科学家凯思林·泰勒（Kathleen Taylor）发现了"人民圣殿"和现代异端团体共同使用的主要技巧。

宣传对象遭到了隔离，其信息和人际关系的唯一来源是信徒。吉姆·琼斯带着追随者来到了遥远的圭亚那丛林。宗教和意识形态群体通过夏令营、修道院、马德拉萨学校和古拉格劳改营实现相同的孤立。信徒通过隔离对宣传对象听到的竞争性真相进行控制。他们设置背景，选择故事，决定道德真相。他们规定理想事物，设置定义，做出预测。他们通过选择竞争性真相改变了宣传对象的思维模式。

信仰策略 #2
隔离和控制

信徒挑战宣传对象之前的信仰，质疑他一直珍视的忠诚或自信。他们质疑他长期认为理所当然的因果关系，在他的确定性开始动摇时提供他们自己的替代方案。当宣传对象大脑中关于现实的舒适图景开始崩塌时，信徒提供绝对的权威和专业知识；他们提供可以依附的岩石——即将被宣传对象接纳的看似简单但却完整的信仰体系。

信仰策略 #3
重复

信徒不断重复他们的核心信息。这种重复使新信仰根植于宣传对象的头脑中。宣传对象也会在鼓励或强迫下重复核心信息，直到他们自己的语言在头脑中扎根。整个过程带有浓厚的情绪。爱、恨、恐惧和愤怒是比理性论证更加强大的布道者。为了将新信仰固定住，他们必须让宣传对象深切地关怀其他信徒，痛斥之前的信仰。在琼斯镇居民自杀前夜的视频中，你可以看到这些将死之人脸上的狂喜，听到他们声音中的激动和兴奋。

通过隔离受众，控制他们听到的竞争性真相，质疑和挑战他们之前的信仰，不断重复核心信息，操纵他们的情绪，最糟糕的意识形态和宗教误导者对他人的行为获得了极大的控制力。

公司信条

在2008年金融危机以及行业和媒体的各种丑闻过后，人们花了许多力气改变许多组织的文化。人们在培训课程和咨询服务上花费了数百万美元，以使银行家、制药公司经理和新闻工作者做出更加符合道德的表现。文化变革也是许多公司转型计划的重要组成部分。面临瓦解风险的公司常常需要说服员工做出重要的行为改变，比如更愿意尝试新思想或者与其他团队合作。

文化变革专家很早就知道，我们通常无法仅仅通过要求人们改变行为实现行为的改变。相反，领导者需要理解和改变驱动行为的信念。咨询师将组织文化比作冰山：所有人都能看到孤立的行为，但它们的根源是组织"位于水面下的"更加重要的共同信仰。"因此,文化的改变需要信仰层面的改变。"德勤咨询公司建议道。

通用电气曾以根据严格业绩指标"评价和督促"员工的无情文化而臭名昭著。在传奇老板杰克·韦尔奇的领导下,通用电气形成了一组用挑战和对抗来消除错误和提高质量的信仰。斯坦福商业心理学教授鲍勃·萨顿(Bob Sutton)在谈到被许多人形容为"残酷"的通用电气员工业绩评价时说,"杰克像信仰宗教一样相信它"。10年后,新总裁的关注点是创新,因此想象力、勇气和包容性得到了重视。现在,通用电气拥有不同的战略目标和需求,需要再次改变公司文化。为此,公司制定了"通用电气信仰":

> 顾客决定我们的成功。
> 轻装上阵,迅速前进。
> 通过学习和适应取胜。
> 互相帮助和鼓励。
> 在不确定的世界中给出结果。

如果这组普普通通的公司口号使你产生了怀疑,我应该告诉你,这组通用电气信仰是员工共同提出的。它们是通用电气员工愿意相信的事情。不过,它们也符合公司的战略。

不是所有信仰都具有建设性。下面是组织内部一些常见的信仰:

我的努力工作最终不会带来不同。

管理层只考虑自己。

顾客是白痴，不知道自己想要什么。

女性无法成为优秀的工程师。

这些具有反作用和破坏性的负面信仰会降低员工的动力，导致伤害组织和影响业绩的行为。当领导者在组织里发现这类信仰时，他们应该努力改变这些信仰。

这件事说起来容易，做起来难。

文化变革咨询师可能首先试图在潜在信仰和不良行为之间确立因果联系。当领导者知道这些信仰产生的原因以及它们曾经可能具有的目的时，领导者可以承认过去的真相或价值观，但他们应该指出，这些信仰不再有效或有用了。展示有害信仰破坏性的相关故事可能有助于消除这些信仰。他们可以拉拢员工中的引领者——即人们在饮水机旁愿意倾听的同事——以传播更具建设性的新信仰。

公司可以通过备忘录、事件和计划重复和强化这些新信仰。领导者可以充当行动榜样，用言语和行为表现他们对于新信仰的支持，同时放弃旧有信仰。明显遵守新信仰的员工可以得到认可和奖励。招聘者可以选择拥有或者服从新信仰的应聘者。

你可能会注意到，这种公司文化变革过程与凯思林·泰勒发现的文化洗脑技巧存在一些相似性。二者的重要区别在于公司员工拒绝或离职的自由、隔离的缺失以及公司领导者通常具有的良好意图。我们无疑会想象出实施洗脑式文化变革计划的专制的公司环境，但是我所见过的大多数公司都是颇具善意的。不过，对待他人的信仰是一件精细的工作，需要同理心和责任感。

信仰的解释者

如果你看过"9·11"袭击视频，研究过十字军东征的历史，或者听到过克什米尔、缅甸和叙利亚的信仰冲突报道，你就不会怀疑宗教信仰影响人类行为的力量。更加普遍但不那么引人注意的是源于这些信仰的善良、慈善、原谅和管理行为。信仰会驱动人们的行为。

不过，虽然同一宗教的人可能具有相同的核心信仰，但是他们在细节上存在很大的分歧。他们对于共同信仰持有竞争性真相。基督徒承认童女生子、耶稣被钉十字架和死而复活，但在变体论和三位一体的性质上存在分歧。佛教徒承认关于痛苦的四圣谛，但在实现涅槃的最佳途径上存在分歧。穆斯林承认穆罕默德是最后的先知，但在他的合法继承人上存在分歧。

基督教衍生出互相竞争的信仰并不令人吃惊，因为《圣经》为耶稣的生平提供了4个不同版本，它们是由4个不同的人在不同时间为不同受众撰写的。福音书不是客观的新闻报道。这些选择性叙述（故事）故意强调了不同的事件以及不同的道德或意识形态原则,有时还会发生冲突。耶稣在约翰福音中自称上帝,但在《马太福音》《马可福音》和《路加福音》中没有这样说。《马太福音》的登山宝训为我们提供了许多基督教核心理想,但是这次事件被路加搬到了"平地",而且被马可和约翰完全忽略了。在《马可福音》中,犹大通过亲吻出卖了耶稣。在《约翰福音》中,犹大没有亲吻耶稣。在《马太福音》中,犹大上吊自杀。在《使徒行传》(路加所写),犹大死时身子扑倒,肚腹崩裂。这就是福音书的真相。

不过,即使《圣经》中只有一种叙事口吻或者道德立场,它也存在做出多种解读的空间,尤其是涉及当时还不存在的社会问题或技术时。《古兰经》是否支持性别平等?《圣经》是否认为堕胎不合法?圣书没有为这些问题给出清晰明确的回答。符号化和比喻式的语言进一步模糊了经文的含义。不过,根据圣书得出的真相对于数十亿人的选择和行为具有深远的影响。

信仰策略 #4
圣书的选择性解释

当莫罕达斯·甘地(Mohandas Gandhi)在 19 世纪末的伦敦学习法律时,他读到了《薄伽梵歌》的英文翻译版本。他当时 19 岁,从未读过这本印度圣书。这位后来成为印度独立精神之父的人在青少年时是一个叛逆者,他吃肉,喝酒,追女人。《薄伽梵歌》——阿朱那王子（Prince Arjuna）与黑天（Krishna，至高神毗湿奴的化身）的对话——给他带来了启示。甘地在自传中写道，一些诗句"在我心中留下了深刻印象，至今仍然回响在我的耳畔"。《薄伽梵歌》为他的非暴力不合作运动带来了灵感。他在1934年说："如今，《薄伽梵歌》不仅仅是我的《圣经》和《古兰经》，它不仅仅如此——它是我的母亲。"甘地花了大量时间将这部作品翻译成古吉拉特语。

他在写给独立活动家巴尔·甘加达尔·蒂拉克（Bal Gangadhar Tilak）的信中表示："《薄伽梵歌》的文字告诉我，我们可以而且必须采取通过爱战胜恨、通过真相战胜谎言的永恒原则。"

乍一看，这很奇怪，因为《薄伽梵歌》并不是和平主义者的宣言。它的很大一部分篇幅有力地论证了战争的合理性。

《薄伽梵歌》的背景是两军疆场上的一辆战车。伟大的战士阿朱那王子不愿意参加与家人和朋友为敌的继承权战争。正如他所说："兄弟间的谋杀是最可恶的谋杀！"黑天认为他必须这样做：这是他作为战士的职责，他是黑天死亡意志的工具。

> 起来！获得名望！毁灭你的敌人！
> 为你战胜他们时获得的王国而战斗！
> 在我面前倒下的将是他们——不是你！他们正在接受死神的抚摸，
> 尽管他们站得这样笔直；你是我的工具！

你很难想到更为有力的战争召唤了。这种召唤起了作用。到了这部书的结尾，阿朱那拿起了武器，准备参与一场几乎无人生还的战斗。实际上，罗伯特·奥本海默（Robert Oppenheimer）在回顾新墨西哥沙漠的第一次核武器爆炸时引用了《薄伽梵歌》："我现在变成了死亡，变成了世界的毁灭者。"

那么，甘地怎么会将它解读成关于真相和爱的文本呢？他将战场环境看作我们所有人面对的内心斗争的比喻。阿朱那的战斗不是字面意义上的战斗，而是比喻意义上的战斗，是我们所有人都必须经历的事情。对甘地来说，这场战斗是为包容所有信仰的独立印度而进行的非暴力斗争。《薄伽梵歌》的核心信息不是战争，而是不执着于行为的结果；对于良好的工作结果感到快乐是很正常的，但最主要的事情是在不执着于结果的情况下把工作做好。对甘地来说，这种不执着自然导致了非暴力信条。

实际上，甘地在谈到《摩诃婆罗多》时说："不管正统印度教如何反对，我都认为，这本书是为了证明战争和暴力的徒劳。"《摩诃婆罗多》是一首充斥着鲜血的长诗，《薄伽梵歌》是其中的一段。

不出预料，其他人对《薄伽梵歌》做出了完全不同的解读。蒂拉克等人将《薄伽梵歌》看作唯一在正义斗争中制裁暴力的印度教典籍——不管这种斗争针对的是英国殖民者还是穆斯林邻居。在20世纪早期被英国人关押的印度自由斗士之中，《薄伽梵歌》是最受欢迎的作品。这些人之中包括拉拉·拉杰帕特·拉伊（Lala

Lajpat Rai），他写道，《薄伽梵歌》中战士应该"拿起武器，勇于牺牲"的指示意味着印度人应该勇于为反抗英国统治而牺牲生命。对这些人来说，只要实施暴力的人不渴求"行动的结果"，他们的暴力就可以得到《薄伽梵歌》的支持。

今天，执政的印度人民党和其他印度教原教旨主义支持者从《薄伽梵歌》中获得了灵感和合法性。印度教好战组织民族义勇团的首领最近号召印度人"吸收和实践"《薄伽梵歌》的教义，以使印度成为全球领导者。总理纳伦德拉·莫迪（Narendra Modi）在向日本首相赠送《薄伽梵歌》之后，莫迪说："我想，除了这本书，我不需要给予世界其他礼物，世界也不需要其他礼物。"

印度首任总理贾瓦哈拉尔·尼赫鲁（Jawaharlal Nehru）评论道："今日的思想和行动领袖——蒂拉克、奥罗宾多·高斯（Aurobindo Ghose）、甘地——都论述过《薄伽梵歌》，每个人都给出了自己的解释。甘地将他关于非暴力的坚定信仰建立在这本书之上，其他人则在书中找到了为正义事业实施暴力和开展战争的合法性。"

另一个人对《薄伽梵歌》做出了更加暴力的解读，他就是纳图拉姆·戈德塞（Nathuram Godse）。他写道："为了世界的进步，圣主黑天通过战争和其他形式杀死了许多固执己见和具有影响力的人。即使在《薄伽梵歌》中，他也不断建议阿朱那杀死他最亲近的人，并且最终说服了阿朱那。"1948年1月30日，戈德塞带着一把贝雷塔半自动手枪进入了德里柏拉屋，在很近的距离将三颗子弹射进了颇受印度民众爱戴的莫罕达斯·甘地的胸部和腹部。戈德塞在审讯中援引了《薄伽梵歌》，并且带着一本《薄伽梵歌》走上了刑场。他和他所谋杀的人根据同一本圣书得出了各自的真相，但是他们的两种真相相去甚远。

∴

哲学家圭迈·安东尼·阿皮亚（Kwame Anthony Appiah）对于重要信仰评论道："这些传统具有不止一种声音。掌握这些经典意味着知道阅读哪些段落和忽略哪些段落。"当然，他是在描述我们在第一部分介绍的忽略和选择策略。由于不同的圣书大师可以选择忽略不同的段落，因此他们会不可避免地生成关于圣书内容的竞争性真相，引导追随者采取不同的行为。即使你相信《圣经》是上帝的话语，人类解读者也有许多机会改变他传达的信息。实际上，宗教领袖有时不得不寻找新的解读，以便使他们的信仰适应社会习俗的变化。

犹太教有时似乎在积极鼓励竞争性真相。当犹太律法的两个顶级学派对《塔木德》存在深刻分歧时，"神圣声音"会对他们互相冲突的观点做出裁决："二者都是活神的话语。"对此，拉比马克·D.安吉尔（Marc D. Angel）写道：

> 在这种辩论中，人们一定会做出裁决，使大家知道律法的要求。不过，"失败"一方并没有真正失败。他的观点仍然

会被引用，仍然会受到认真对待。虽然他的观点当时没有占上风，但它可能在其他时候或其他背景下占上风。

曾多年担任英国首席拉比的乔纳森·萨克斯（Jonathan Sacks）也看到了不同版本真相的作用：

> 地上的真相不是也不能是全部真相。它是有限的，不是全面的，尤其不是普适的。当两种观点发生冲突时，这不一定意味着一种观点正确，另一种观点错误。两种观点可能而且常常代表了看待现实的不同视角……天上的真相是唯一的，地上的真相则不是。阿门。

只有上帝知道

许多人认识到，我们唯一能够达成共识的事情是，其他大多数人在宗教问题上是错误的。也许每个人都是错误的。当然，不是每个人都是正确的。许多信仰一定是错误的。不过，在我们证明他们的错误之前，它们对信徒来说仍然是令人信服的真相。

为了缓和儿子对于"教皇党人的轻信和迷信"的轻视，切斯特菲尔德勋爵（Lord Chesterfield）在1747年对儿子写道："每个人都在寻找真相，但是只有上帝知道谁找到了真相。"

我们可以将一些对立信仰看作竞争性真相，这并不意味着我们必须接受它们。我们有权向别人提供道德或理性论证，甚至提出感性请求，以劝说他们改变信仰。在被对立信仰撕裂的社会或者被破坏性信仰污染的组织里，我们当然应该进行这样的尝试。只要我们不去为我们雇用的人或者受到我们影响的人洗脑，服务于正确目标的布道就可能成为一种有价值的工作。

如何应用于现实

如果你想改变周围人的负面行为，应该发现和质疑这些行为背后的信仰。

确立和赞美积极的共同信仰，以巩固团体和组织。

当心……

将一些人隔离并且控制他们听到的竞争性真相的洗脑者。

试图通过压力迫使人们服从并改变信仰的团体。

试图说服你相信对圣书的危险或极端解读的误导者。

后记

最后的真相

> 没有人能够将他称为说谎者。这主要是因为,谎言存在于他的头脑中,他所说出的任何真相都带有谎言的色彩。
>
> ——约翰·斯坦贝克(John Steinbeck),《伊甸园之东》

在这本讨论真相的书中,我很少谈论真相的重要性。我想,如果你不是偏爱真相而非谎言的人,你就不会读到这里了。我试图在整本书中强调选择、宣传和接受合适真相的重要性。

我们探索了政客、营销人员、新闻工作者、活动家甚至政府官员用真相误导我们的途径,这些途径多得令人吃惊。我们需要发现它们,将它们说出来并且拒绝接受它们的摆布。误导性真相并不总是显而易见的,它们可能存在于广告传单、推特消息、报纸社论、小道消息、办公室备忘录和慈善传单中。一些误导性真相故意隐藏了自己的身份。公关先驱爱德华·伯奈斯(Edward Bernays)1928年写道:"我们从未听说过的人在很大程度上控制了我们,塑造了我们的大脑,形成了我们的品味,提出了我们的思想。"误导性真相就在我们身边。误导者依赖于不加怀疑的接受。当他们受到质疑时,他们很难同时保持误导性和真实性。所以,请在条件允许时质疑他们。要求他们做出澄清和证明。不要留下回旋空间。如果你怀疑某件事情被对方忽略,请询问此事。如果对方以误导的方式呈现数字,请提出不同的解释。询问煽动性故事和名字与中心问题的相关性,询问对方的观点所依据的道德或信仰假设。要求对方为相关词语给出正式的定义。

已故的多伦多吸毒市长罗布·福特(Rob Ford)向一屋子的记者表示:"不是我说谎,而是你们没有提出正确的问题。"

我们要求领导者和评论家对他们的谎言负责,但是我们不太善于要求误导者对于理论上没有错误的说法负责。如果他们声称他们只是说出了真相,我们往往会放过他们,尽管我们总是觉得他们没有做到公正。因此,误导者可以不断使用相同的伎俩。我们不应该允许他们这样做。

我们的困难之一是缺少谴责误导者的通用术语。如果政客声称工资出现了上升,并用关于事实的巧妙的统计学解释为自己辩护,我们就不能称他是说谎者。那么,我们如何称呼他呢?

我建议在社交媒体上使用"#误导性真相"这一主题标签。让我们在每次发现这类现象时称之为"误导性真相",并将使用它们的人称为"误导者"。

你也可以将误导性真相提交给最合适的事实核查组织。事实核查者本身无法解决后真相时代的问题。同事实核查者的澄清相比，著名政客和名人的误导性说法具有更大的传播范围。不过，事实核查组织可以提供相对客观的有用事实，我们可以在此基础上努力纠正公共记录，强化更加准确的现实表述。

随着日益复杂的个性化大众传媒技术的发展，政治活动家、公司、社会活动家甚至国外造谣组织可以向特定群体传播媒体和事实核查者看不到的定制信息。他们通过电子邮件、脸谱网消息或网络广告发送其他人永远看不到的选择性真相，这极大地降低了误导者被发现和被公开羞辱的风险，提高了他们沉迷于这种行为的可能性。如果你收到包含误导性真相的定向消息，请发出声音。否则，我们可能永远不知道这件事，误导者也会变得更加大胆。

归根结底，更具代表性、更加全面的真相是对抗误导性真相的最佳武器。我们需要承担起这方面的责任，更加充分地理解问题，根据我们能找到的最可靠的数据判断哪些真相最真实、最贴切。这很困难，它需要我们超越对事件的本能反应，或者对爆炸性新闻的最初表述进行检验。它需要回避证实性偏差并保持自律开放心态。不过，在具有倾向性的碎片化媒体环境中，这是我们发现和传播最真实真相的唯一途径。

在用真相反对误导性真相之前，我们需要对于自己的真相进行仔细研究和事实核查。它们应该具有清晰的表述，能够得到证据的支持。它们应该简洁精炼，能够冲破喧嚣，获得被大家广泛接受的机会。接受这些"更加真实的"真相的人越多，它们就越有可能在人群中扎根。

最后，让我们把误导者放在一边，回顾竞争性真相的积极一面。我们通过合作取得了惊人的成就。消除疾病，喂饱几十亿人，打造全球公司，保卫国家，发展奇迹般的技术，连通世界：所有这些都是人类通过合作完成的，这些合作基于我们共同的思想——我们相互讲述的真相。

取得这些巨大成就的人对真相进行了仔细选择和有效分享。他们通过令人鼓舞的预测和信仰、关于理想事物的令人信服的观点、得到剪裁的历史版本、具有说服力的故事、可怕的威胁评估以及关于新型社会建构的大胆设想吸引了追随者，激励了他们的行动。沟通者可以实现一切。

分享合适的竞争性真相一直是优秀领导者和转型倡导者的基本能力，它也是在家庭和工作场所实现基本合作的重要条件。你所选择的真相当然应该真实，它也应该是有效的。

一些真相比其他真相更容易被人相信，它们听上去就是真的。也许你认为你能用数据和逻辑证明你的真相，但你有证明的机会吗？在英国脱欧公投中，和留欧派相比，脱欧派似乎更善于选择那些人们一听就觉得有道理的真相。看上去不言自明的真相是最具说服力的竞争性真相。

如果你想让人们倾听你的真相，你应该注意形式。你应该用简单的消息、令人吃惊的见解、吸引眼球的数字、令人信服的故事和五彩缤纷的画面给人留下印象。"男性每赚1美元，女性只能赚74美分"比关于工作场所歧视的一切演讲更有说服力。极简的消息可以成为令人难忘的表情包（尤其是押韵的消息）。试着以一种让人一目了然的形式呈现你的消息。

根据定义，你的竞争性真相存在替代选项，你可能会面对基于对立事实的反对意见。即使你像班主任或总裁那样有权压制有效的真相，这通常也不是最明智的策略。更加吸引人、更能受到尊重的方法是提供一个结构化的论坛，使人们能够表述和公开回应对立真相。在提出你的反驳观点之前，应该花时间证明你已经理解了其他观点。你的竞争性真相应该凭借自身取得胜利。

人们在第一次接触信息时通常无法将其充分吸收。要想使人们改变观点或者确立新的思维模式，你需要让他们多次听到和阅读这些信息。重复也是对抗对立真相的好办法，它更容易在没有接受过宣传的人群心中扎根。不过，重复（不包括崇拜活动）的问题在于，它会使人觉得唠叨。或者，就像特蕾莎·梅在2017年英国选举期间反复承诺提供"强大而稳定的"政府那样，它会使人产生抗拒情绪，或者成为嘲笑对象。为避免这一结果，沟通者需要通过新奇有趣的方式表达同样的事情。

我们可以将沟通者看作处理"主题和变奏"的作曲家。作曲家始于简短的构思，即主题，其旋律很少超过一两分钟。接着，他会对这段旋律进行微调，添加或删除一些音符，改变节奏，转到不同的调值或拍子上，引入装饰音，改变节拍或配器。每个变奏具有不同性格，听上去可能与最初的旋律完全不同，但基本的主题总是一致的。组织机构也可以采取同样的策略：承认核心真相（即主题），然后允许人们以自己的方式表达主题，就像将主题刻印在每个人心中的有趣变奏一样。

你可以将这本书看作关于下述主题的变奏：

一件事情通常有不止一种真实的表述方式。我们可以建设性地使用竞争性真相，以便使人们产生兴趣，激励他们开展行动。同时，我们也应该当心那些用竞争性真相误导我们的沟通者。

这就是我的主题。我希望你喜欢书中的所有变奏。

在未来的岁月里，竞争性真相将会激增。人和组织之间的每一条新的连接都会提高事情的复杂度。当专制的减少带来更多个性化和自我表达时，主观真相也会增长。新的人造真相每一秒都在被创造出来。当我们展望未来或者应对越来越复杂的概念时，未知真相只会越来越多。

我们不应该惧怕竞争性真相。我们的进步取决于真相的相互作用。当我们允许不同真相开展对话时，科学、政治和艺术可以得到繁荣发展。我们应该欢迎竞争性真相，将其视作新思想、创造性和创新的原材料。实际上，我们应该对试图维护唯一"真实"真相、否定其他所有真相的人保持警惕。如果只有一个真相，其他观点都是异端，谁还需要对话、判断和辩论呢？

我们承认多个真相可以共存，但我们不应该过度怀疑别人的话语。我们的信任整体上呈下降趋势，这促成了后真相时代的困境。我们需要提防误导性真相，但我们不应该怀疑每一个仔细选择真相的人所具有的动机。正像我在这本书中试图说明的那样，竞争性真相得到了广泛使用，这种使用有时是善意的，有时是恶意的。我在前面的章节中介绍了我自己的几百个竞争性真相，其中一些是显而易见的，另一些则更加微妙，但没有一个是用来误导读者或者造成伤害的。我希望你相信我所写下的大部分内容，但我承认，为使你获得关于现实的某种印象，我对这些真相进行了仔细挑选。

信息的民主化既带来了力量，也带来了责任。过去，教会和专制政府等权威决定了什么是真相。在更加开明的时代，值得信任的媒体承担了这个角色。如今，我们接触到的信息比过去多得多，其来源也比过去多得多。我们无法像过去那样通过《纽约时报》和英国广播公司等组织接触全球信息，了解哪些真相更加贴近现实，哪些真相具有误导性。我们已经失去了守门人。我们需要亲自接触信息，并且帮助周围的人接触信息。我们需要更加意识到我们听到的真相是如何影响我们的思维模式和加深党派分歧的。为了逃离我们的回音壁和过滤气泡，我们应该寻找与我们的思维模式和集体信仰存在冲突的竞争性真相。

我们每个人都应该学会识别竞争性真相，这种能力从未像现在这样重要。反过来，我们从未像现在这样拥有大量机会用合适的竞争性真相实现积极的改变。工具、知识、沟通渠道和受众都是现成的。我们只需要明智地选择真相，并且做出良好的表述。

致谢

我是故事讲述者和洞察思想的收集者,但我很少进行基础性研究,因此我要感谢努力记录这本书中无数事实的所有新闻工作者、科学家、历史学家、研究人员和作家。由于我对媒体的偏爱,《后真相时代》中的许多故事来自英国广播公司第4台(尤其是《多多少少》节目)、《卫报》《经济学人》《纽约时报》和《华盛顿邮报》。感谢所有的节目制作人、新闻工作者和编辑,你们使我获得了如此准确便捷的真相。

本书的写作想法始于我在过去10年所做的战略沟通工作,而所有这些工作始于斯托里泰勒斯公司。感谢马库斯·海斯(Marcus Hayes)、马丁·克拉克森(Martin Clarkson)、艾利森·埃斯(Alison Esse)和克里斯·斯潘塞(Chris Spencer),你们向我展示了如何用30句话有效地(有选择地)呈现一家公司的过去、现在和未来,并且向我提供了为世界上一些非常有趣的组织写故事的机会。同样感谢阿特金斯、爱立信、邱园皇家植物园和英格兰银行,谢谢你们允许我在书中提到你们。

一些好友阅读了本书的早期手稿,提出了宝贵意见,他们是丹尼·伯恩（Dani Byrne）、贝姬·卡特（Becky Carter）、马丁·克拉克森、伊莫金·克利弗（Imogen Cleaver）、保罗·克利弗（Paul Cleaver）、梅尔·科克伦（Mel Cochran）、罗斯玛丽·麦克唐纳（Rosemary Macdonald）、马尔科姆·米勒（Malcolm Millar）、布鲁诺·肖维尔顿（Bruno Shovelton）、劳拉·沃特金斯（Laura Watkins）和安德鲁·威尔逊（Andrew Wilson）。我还要感谢马克·贝勒马尔和卡斯滕·豪施泰因（Karsten Haustein），他们分别提供了关于藜麦经济和气候变化的专业建议。书中的任何遗留错误和误导性真相都是我的责任。

许多人已经或将要参与到《后真相时代》的出版过程中，我要感谢所有这些人，尤其是特蕾西·贝哈尔（Tracy Behar）、道格·佩珀（Doug Pepper）和道格·扬（Doug Young），你们以极大的智慧、优雅和团结共同编辑了这本书。最后，感谢尤安·桑尼克罗夫特（Euan Thorneycroft）、理查德·派因（Richard Pine）、埃莱娜·费雷（Hélène Ferey）、詹妮弗·卡斯特（Jennifer Custer）以及希思公司的所有员工，谢谢你们让我重新开始了写作。

出版后记

2016年英国脱离欧盟举行全民公投，最终留欧派的摆数据、讲事实的平铺直叙败给了脱欧派的情绪煽动。直到结果出来之后，大众才如梦初醒，明白自己成了罔顾真相的情绪煽动的傀儡。自此，"后真相"一词在各路媒体频繁现身，并被《牛津大辞典》选为年度词汇。

的确，随着互联网技术和自媒体的爆发式发展，真相已不再如纸媒时代那样作为稀缺资源为人们所看重，对于真相的权威式的报道与解读已经面临消解。少有人关心事件的本来面目，大多数人只愿意躲在自己的舒适区里，选择性地吸纳符合自己三观、让自己痛快的信息。在阅读量为王的后真相时代，事实似乎已经让位于情绪，报道似乎已经让位于宣传，得情绪者得天下。

需知，所有真相都是多面体，都是多个竞争性真相的合集。所谓操纵与煽动，其基础不过是截取和加工。在本书中，资深商业咨询师赫克托·麦克唐纳用生动的故事向我们展示真相是通过何种技术性手段被肢解和扭曲的。他在大量实例的基础上总结出误导者的惯用伎俩，同时告诉我们如何更有效率地利用竞争性真相传达自己的观点。

身处后真相时代，作为信息消费者，我们都免不了会上当受骗。唯有洞悉真相操纵背后的思维模式，我们才能更有智慧地处理信息，免受煽动式宣传和病毒营销的蛊惑，甚至改善真相的讲述方式，达成目标。

服务热线：133-6631-2326　188-1142-1266

读者信箱：reader@hinabook.com

后浪出版公司

2018 年 10 月

© 民主与建设出版社，2019

图书在版编目（CIP）数据

后真相时代 /（英）赫克托·麦克唐纳
(Hector Macdonald) 著；刘清山译. -- 北京：民主与
建设出版社, 2019.9（2024.8重印）
书名原文: Truth：How the Many Sides to Every Story Shape Our Reality
ISBN 978-7-5139-2444-3

Ⅰ. ①后… Ⅱ. ①赫… ②刘… Ⅲ. ①信息产业—情
报服务 Ⅳ. ①F490.5

中国版本图书馆CIP数据核字(2019)第057260号

Copyright © 2018, Hector Macdonald
This edition arranged with A.M.Heath & Co.Ltd.
through Andrew Nurnberg Associates International Limited
本书简体中文版由银杏树下（北京）图书有限责任公司出版。
版权登记号：01-2024-0298

后真相时代
HOUZHENXIANG SHIDAI

著　　者	［英］赫克托·麦克唐纳
译　　者	刘清山
筹划出版	银杏树下
出版统筹	吴兴元
责任编辑	王　倩
特约编辑	黄　犀　李　峥
封面设计	墨白空间·曾艺豪
出版发行	民主与建设出版社有限责任公司
电　　话	（010）59417747　59419778
社　　址	北京市海淀区西三环中路10号望海楼E座7层
邮　　编	100142
印　　刷	北京盛通印刷股份有限公司
版　　次	2019年9月第1版
印　　次	2024年8月第11次印刷
开　　本	889毫米×1194毫米　1/32
印　　张	10.75
字　　数	250千字
书　　号	ISBN 978-7-5139-2444-3
定　　价	49.80元

注：如有印、装质量问题，请与出版社联系。